自由教育的
72个法则

黄志坚 李建勇◎编著

民主与建设出版社

图书在版编目（CIP）数据

自由教育的 72 个法则 / 黄志坚 , 李建勇编著 . -- 北京：民主与建设出版社 , 2017.8

ISBN 978-7-5139-1604-2

Ⅰ . ①自⋯ Ⅱ . ①黄⋯ ②李⋯ Ⅲ . ①家庭教育

Ⅳ . ① G78

中国版本图书馆 CIP 数据核字（2017）第 144283 号

自由教育的 72 个法则

ZIYOUJIAOYV DE 72 GE FAZE

出 版 人	许久文
编 著	黄志坚　李建勇
责任编辑	王 颂
出版发行	民主与建设出版社有限责任公司
电 话	（010）59417747　59419778
社 址	北京市海淀区西三环中路 10 号望海楼 E 座 7 层
邮 编	100142
印 刷	三河市天润建兴印务有限公司
版 次	2017 年 10 月第 1 版　2017 年 10 月第 1 次印刷
开 本	710 mm×1000 mm 1/16
印 张	16
字 数	206 千字
书 号	ISBN 978-7- 5139-1604-2
定 价	36.80 元

注：如有印、装质量问题，请与出版社联系。

前　言

很久以前，敏锐的思想家就认识到，家庭是国民性格的摇篮。孩子在家庭中日渐形成的品德、习惯、生活准则、待人接物的方式等，将对他的一生产生难以磨灭的影响。

越来越多的父母认识到家庭教育对子女的重要性，但在疼爱与管束之间却难以寻求到一种平衡。孩子经常在父母严厉的、压制性的管教与放任自流的纵容之间摆来摆去，要寻找"中间地带"实非易事。说得直白一点，如若把孩子比作一个有待驯养的动物的话，父母便是一些不同类型的驯养员，驯养的方式无非是"圈养"和"放养"。

在今天很多家庭中存在着严重的危险，不是父母对孩子爱不够，而是爱太多。一些父母用爱的名义将孩子给毁了，一些父母将自己所有的希望、梦想、期待和抱负都倾注在孩子身上。这种教育方式导致了对下一代的过分保护，父母恨不得把自己的小宝贝牢牢地绑在自己身边，并设定界限，圈出一块所谓"安全地带"，将金山银山都送到孩子手中。

柏拉图说过："对一个孩子最残酷的待遇，莫过于让他'心想事成'。"孩子的成长和发展，不是父母一厢情愿和刻意追求所能奏效的，并不是"圈养"起来孩子就会乖乖地按照父母所设想的轨迹运行。也不是父母给的关爱越多，孩子的出息就越大。父母过高的期望，过严的管束，过多的呵护，不仅无助于孩子的成长，还会逐渐吞噬孩子的生存能力。

众所周知，不管是两只脚的禽，还是四只脚的兽放养的都比圈养的好吃，有味道。这个法则放在教育孩子方面，一样适应。父母应该学会适当"放养"孩子，因为孩子是活生生的人，不能当做父母的私有物来管理。

一些父母在大多数情况下都低估了孩子的承受力，他们觉得孩子太软弱、太幼小，根本无法对付生活中的现实。他们总是对孩子不放心：读书不放心，谈恋爱不放心，结婚不放心，生小孩不放心……他们成天围着孩子转，孩子就是中心，孩子就是一切，含在口里怕化了，放在手里怕掉了。对孩子不可谓不呵护，呵护孩子不可谓不周到，小到吃喝拉撒睡，大到读书就业，巴不得都替孩子做了。如若孩子不是在自己的视野范围，就会朝朝暮暮催疲老，岁岁年年难安心。但孩子总有一天会离开父母的怀抱，这样的保护什么时候是个头？早放也是放，不得不放也是放，不给孩子放手的机会，他永远也学不会在这个世界上独自生存的本领。父母出于"爱孩子"或者担心孩子受到伤害，而推迟孩子感知世界、开发智力、发展自我的时间进程，孩子一开始便悲惨地输在起跑线上。

所谓"放养"，就是让动物离开人类的控制，脱离家庭养护、圈养，回归到大自然中，让这些动物回归更本真的生存状态。而放养教育，就是尽量让孩子能更接近自然属性、社会属性，能更多地得到感性及理性的练习及指导。这里的放养是相对于圈养而言的。圈养管理，不但累了父母，使他们没有一点喘息机会和自我空间，圈养同样累了孩子。圈养的空间有限，孩子伸伸胳膊踢踢腿都缺乏余地；圈养只能看到四角天空，而不能看到辽阔疆域和大千世界；圈养也圈住了孩子敢打敢冲的冲劲和勇于承担独当一面的优秀品质。

其实孩子就需要"放养"，不要将他们局限在"圈"里。课堂以外的广阔生活和社会能锻炼他们的人格意志和化解危机的能力，即使困难来临，他们也会更善于开动脑筋积极解决困难而不是扑到父母怀中寻求援助。

有很多的报道指出：日本的青少年在假期都会走上社会，在饭店、宾馆、游泳馆干一些让中国学生看起来很卑微很累的苦力活，或者打钟点工。为了找工作，学生之间还会发生激烈竞争。美国英国等国家的青少年也是这样。这种"海阔凭鱼跃"，任孩子自己跌打滚爬的"放养"对孩子而言，是比知识提升和强化更重要的道德养成和人格养成，是值得国内很多父母深思和学习的。

当然，"放养"不是放任。我们赞同大胆放手让孩子去体验、去探索世界，但不等于不给孩子任何规则作为参照物。没有参照物，孩子就永远不了解自己真正需要的是什么，也不知道如何去超越自己。就好像放风筝，孩子飞得再远，线头还在父母手里。而这根羁绊，便是父母的爱。

"放养"孩子，从另一层面来说，也是父母自身的解放。孩子是用来爱的，不是用来管的。看守孩子并不是一件省心的事，与其如此，不如让孩子自由地生活，并为孩子建立参照物。孩子最开始的参照物就是父母，榜样的力量是无穷的，父母做好了，子女自然会向父母学习，向父母看齐。"正所谓其身正不令而行，其身不正虽令不行"，父母把太多的时间花在教子女怎么做，还不如自己努力做好，做好表率。父母也必须时刻摆正自己的位置：子女是子女，自己是自己；父母有义务为子女的追求努力创造一些必需的条件，但别事事为子女处理；父母有义务为子女指明选择的方向，但别轻易替子女做决定；父母有义务为子女引见一个很好的师傅，但别想替子女修完成长的学分。

"放养"最有效的方法便是，适当放手，给孩子成长的自由空间，让他细细地观察一切事物，慢慢尝试该做的事情，然后自己决定去做什么、如何去做，并允许孩子做错事或不成功，以便从错误中吸取教训。孩子没有想象中的那么脆弱，父母要相信，别的孩子可以做到的事情，自己的孩子也一样可以做到，也许还可以做得更好。请父母给孩子一个放手去搏的环境，他会变得更有胆识，像一个真正的男子汉；随时随地自信而干脆地告诉孩子，你办事我放心！

目录
MULU

　　人与动物的区别在于人有人性、良知和爱，所以教育的最低标准便是培养高尚的人性和一个会爱的人。只有当人具备了爱人的能力，并将其时刻实践于自己的行动之后，教育才能成为创造而不是毁灭美好世界的力量。

第三章　生存哲学：给孩子模爬滚打的空间

在孩子的成长中，父母以爱为名，不放手、不放心，对孩子过多的干涉实际是对孩子不信任、不尊重的表现。孩子不是父母想象中那么脆弱，不是易溶的糖和易碎的玻璃，给他多一些空间和机会，他会做得更成功。

第四章 意志品质："放"则无畏，迎难而上 …………………… 79

优秀的意志品质不是生来就有的，唯有经过磨炼才能造就。一个人要克服各种各样的障碍，依靠的是意志品质和内心的力量。要使孩子拥有这种强大而正确的力量，父母就必须教导孩子正确对待困难和挫折。

第五章 自我管理：张弛有度，做自己的主人 …………………… 101

萧伯纳说过，自我控制是强者的本能。我们每一个人都具备一种可以雕刻自己人生轮廓的能力，做自己的主人。想让孩子有自己做主的能力，就需要孩子以了解自我为基础，知道自己的秉性和特点。当孩子逐渐成长，从父母手中夺回对自己的控制权之后，人生之路就由他自己驾驶。

第六章　社会准则：一位合格"社会人"的功课 ············ 121

人既是自然的人也是社会的人。一个人一开始的大脑思维是一片空白，没有目标、没有定式，一切规律和规则都是在成长的过程中学会的。一个人不断地接受和学习，才使自己融入这个现实的社会。在社会这个大背景下生存，就需要让孩子了解社会法则和为人之道。

第七章　智力培养：顺其自然，让孩子爱学习 ··············· 143

在"唯分数是从"的残酷现实下，很多人肤浅地把分数当做智力的全部，这是智慧的父母应该避免的"误区"。当代社会的竞争绝不仅仅只是成绩的较量，父母应该有高瞻远瞩的目光，培养一个爱学习的孩子，而不单单只是学习好的孩子。

第八章　生理教育：爱一个不完美的自己 ················ 171

在孩子成长的历程中，他总会走到"小大人"这个尴尬的时期。为人父母，应该坦然地告诉孩子，他虽然只是一个半成品，但完美就在不远的将来。因为你也曾青春似他，躁动如他。我们都当过丑小鸭，而有一天，终于展翅飞翔。

第九章　赏识教育：创造孩子的可持续发展 ·········· 195

如果父母把自己当园丁，而把孩子当成花园的植物，那么你肯定是失败的。因为一草一木从不会按你所谓的规律去生长。孩子自有主张，自有天地。他更想当另一个园丁，在自己的花园中栽一片姹紫嫣红。而你只需拍着他的肩膀表扬他，嗨，小子，玫瑰花种得不错！·

第十章　放养规则：孩子不能践踏的"雷区" …… 221

很多人觉得"放养"不可行，是因为他们片面地认为放养便是放任，听之任之。其实"放养"更类似自然教养，不去刻意苛求和给予，多一些民主和自由。当然，没有绝对的民主，也没有纯粹的自由。有些错误是父母绝不允许孩子犯的。这些原则，父母要贯彻始终。

第一章

"放养有理"：
培养孩子的八种能力

教育孩子是父母的重任，是一门学问，是现代父母的必修课。父母送给孩子的最好礼物不是金银财富，不是显赫名声，而是安身立命必备的八种能力。这八种能力宛如"八把出鞘的剑"，让孩子在"放养"的过程中一点点被打磨塑造，成为庇佑孩子的利器。

法则 1　给孩子一个方向，让他（她）自己去寻爱

★ ★ ★ ★ ★

今天的孩子无疑是幸福快乐的，他们衣食无忧，有着明亮宽敞的教室和丰富多彩的游戏，社会、学校和家长都在他们身上投入了大量的心血，以期培育出最娇艳的祖国花朵。可是，耳闻目睹的很多事情常常却令笔者惊讶异常。

曾听过一位母亲向当教师的父亲哭诉：我买了 18 只大虾，孩子一口气吃了 17 个，剩下 1 个我想尝尝味道就吃掉了，孩子居然大哭起来，质问我："你明明知道我爱吃，为什么不给我留着？"

现在的孩子大都是独生子女，从小娇生惯养，承受了父母、家人以及社会的过度关爱，使得他们受不了半点儿委屈和打击，遇到一丁点儿不开心就非要闹个天翻地覆。一些孩子为了一丁点儿小事就大打出手；几句话理论不过家人，就离家出走；有的孩子甚至为了达到自己玩乐的目的，毒害父母或者其他亲人……很多父母在想，我们大人辛辛苦苦挣点钱，平时省吃俭用，完全都是为了孩子，可是为什么孩子就是不领情呢？

导致孩子爱心缺失的原因当然有很多：一方面是信息的多元化。多元化的信息世界，让孩子受到各种信息的冲击，而那些充斥着负面内容的信息，让孩子的世界变得冷酷、残忍和自私。另一方面是过于忙碌，压力过大的学业。繁忙沉重的学习压力使得孩子没有时间与朋友、同学和家人充分沟通，导致孩子越来越不善于交流，越来越冷漠，观点越来越偏激。以至于现在的孩子不知道什么是爱，对爱充满了无知；不知道爱父母，眼中只有自己；不会爱他人，始终以冷漠的态

度面对周围的人和事；不知道为别人付出，只知道向别人索取；不懂得尊重生命，更谈不上热爱生活。

只有爱的教育才可以让孩子感知别人的困难，并唤醒他们的良知与感情。孩子才会变得宽容而富有同情心，才能理解别人的需要，才会伸出双手去帮助那些受到伤害和需要帮助的人。一个不会爱的孩子是可怕的，他的感情生活也将是一片荒漠。所以，请父母给孩子一个方向，让他们勇敢地去寻爱，让他们在爱的指引下走向成功。

1. 用行动告诉孩子什么是爱

爱是阳光，爱是人类永恒的主题，爱是一种伟大的力量。没有父母不渴望拥有一个有爱心的孩子。当然，爱的定义有很多种，但是无论是哪种形式的定义，爱都是远离了自私，与名利无关的。爱是需要去学习的，就如同学习语言、学习如何工作一样。只有拥有爱，学会爱的人，才是最幸福、最快乐、最美的人，父母理应让孩子成为幸福快乐的人。

所以，请父母以身作则，对待自己的长辈及家里的老人真诚、有爱心，要与邻里和睦，对社会有爱心。

父母应该多带孩子回外公外婆爷爷奶奶家，与亲人在一起，让孩子体验到爱的温暖。还可以在节假日带孩子到福利院或者参加一些公益活动，让孩子在社会实践中亲身体会到爱心的温暖与力量。

2. 让书籍向孩子传播爱的种子

让孩子多阅读些有爱心的经典故事，从而启发孩子的爱心意识。父母可以向孩子讲一些爱心的故事，例如美国的比尔·盖茨，用自己一半以上的资产来资助慈善事业；诺贝尔和平奖得主，孟加拉国的尤努斯，创造"乡村银行"为穷人提供小额贷款，帮助穷人脱贫致富等故事。

3. 让孩子与小动物相亲相爱

试着在家里养些小宠物，比如温驯的小狗，可爱的小猫，让孩子在与宠物相处、照顾宠物的同时学会关爱。还可以选择适当的时间带孩子到动物园或者乡下，让孩子在与动物和平相处的时候，学会尊重生命，体验爱心。

4. 告诉孩子要热爱生命

在一些发达国家，孩子从小就被教导要热爱生命。列夫·托尔斯泰告诉我们人生并非游戏，因此，一个人并没有权利只凭自己的意愿放弃自己的生命。父母要让孩子明白，要热爱生命，要热爱生活。

5. 尊重——爱的最高境界

让孩子了解父母爱他的方式，比如说有位爸爸曾经想成为一名空军，很遗憾的是因为诸多原因没能实现，所以希望孩子帮他实现这个愿望，可孩子却告诉爸爸，自己爱钢琴上那些调皮的符号。这位爸爸尊重了孩子的选择带孩子去报了钢琴兴趣班，让孩子天天在喜爱的钢琴面前舞蹈。这位爸爸表达了自己的期望，但更尊重孩子自己的选择，这就是对孩子的爱。

爱一个人，并不是要强让对方过上自己喜欢的方式，不是以自己想当然的方式给予对方，而应该是尊重对方的想法。爱的最高境界，不是只给予而不求回报，而是彼此相互间的给予，相互间的索取。这样，才能让对方感到这份爱不会造成负担，感受到自己是被需要的。

法则 2　给孩子一些技能，让他（她）在社会上立足

★★★★★

一说到孩子这个词，内心总是充满温暖的。对于孩子，很多父母都认为他们是娇柔的、脆弱的，是需要被保护的。孩子跌倒了，父母会马上把他们抱在怀里，看看他哪里受伤了；孩子和同学、朋友争吵了，父母会站在孩子这边，给对方一通指责……总之，孩子是受不得半点委屈的。

笔者有个朋友，早年丧父，受了很多苦，历经艰难后创业成功。如今他已身家千万，他的孩子也成了名副其实的"富二代"。这位朋友不想让孩子再受他当年的苦，所以对孩子百依百顺，万般娇宠。

不仅家里雇有保姆、家教，把孩子当"小皇帝'供着，就连孩子上学，也是车接车送、百般呵护，无所不用其极。孩子的成绩不好，被老师说了几句，娇生惯养的孩子哭着回家了，这位朋友就不愿意了，到学校找老师理论；学校组织到野外夏令营，他怕孩子有危险，不让孩子参加；甚至于正常的体育课，如果是体力消耗大的，就告诉孩子托病不去。

这位父亲这样的处理方式，就会出现这样娇生惯养的孩子。这样的孩子将来怎么在社会上生活。要让孩子将来在社会上能适应激烈的竞争，必须培养孩子一些生活技能。

1. 别让孩子做温室里的花

像温室里的花一样的孩子是远远不能抵挡社会上的那些风吹雨打的。现在发

达的科技使花朵在温室里能获得了很长的生长期，却不能抵御外界的侵害。就像现在的孩子，良好的经济条件改变了父母的教育方式：让孩子在长辈这里得到了太多的溺爱，却降低了孩子的独立性和孩子抵抗外界伤害的能力。

所以，别让孩子成为温室里娇弱的花朵。把孩子放到大自然里，像野外的小草一样，风来了，就和风一起舞蹈；雨来了，就和雨一起歌唱；乌云来了，就和乌云一起嬉戏……

孩子摔倒了，告诉孩子，在哪里摔倒自己就从哪里站起来；孩子在外面受委屈了，告诉孩子，自己的尊严要靠自己去夺回；孩子失败了，告诉孩子，失败并不可怕，有了失败，成功也就不远了。

2. 培养孩子的竞争意识

现在的社会是充满竞争的时代，孩子从上幼儿园开始，便开始了大大小小的考试，再到"千军万马过独木桥"的高考，孩子的成长过程无一不充满竞争。因此，及早地让孩子树立竞争意识是孩子在未来社会的立足之本。

要让孩子认清自己所处的时代。当下，社会前进的步伐越来越快，就业压力越来越大，竞争越来越激烈，跟孩子说这些，也许孩子一时还不能够深入明白，但起码能让孩子有一种危机意识——现在的社会是一个强手如林的社会，是充满紧张感的，是充满竞争的。

3. 远离自卑，建立自信

自卑心态会让孩子与许多快乐的事情失之交臂，会因为不敢和小朋友一起游戏而失去游戏的快乐；会因为不敢和同龄人交流而变得狭隘封闭……父母应该帮助孩子远离自卑，自信勇敢地面对生活。让孩子从小事做起，从最简单的事情做起，让孩子能从一件件小事的成功中慢慢获得信心，建立起自信。给孩子多些鼓励，所有人做事情都需要鼓励，有了父母的鼓励，会激发孩子的内在潜能，会让孩子更有信心。

如果一个人总是生活在失败的阴影中，那么他做什么事都会失败，这个就是心理学上所说的心理暗示。心理暗示有积极的和消极的之分，父母应该多给孩子点积极的暗示，当孩子做事不顺利的时候，父母更要用积极的暗示来鼓励孩子，多夸奖孩子，让孩子认为自己是个优秀的人，克服困难把事情做好。有研究表明：一个人如果觉得自己是一个很优秀的人，那么这个人的行为表现就会越来越优秀；如果觉得自己很能干，那么这个人的行为表现就会越来越能干；如果觉得自己很差劲，那么这个人的行为表现就会越来越差劲。所以，请给孩子些鼓励，让孩子自信起来，变得越来越优秀。

4. 教给孩子一技之长

社会就像一个大机器，由许多分工不同的行业组成，每个行业就像这个机器的不同零件。有的人因为喜欢音乐，就做了一个给人带来快乐的音乐家；有的人因为喜欢星星，做了一个天文学家，让人们知道世上有很多的星球，地球并不孤单；有的人因为喜欢孩子，做了一名教师，成为一个知识的传播者……

但是任何一部正常运转的机器，都需要能完成某项任务的零件。所以，父母必须告诉孩子：你不能不劳而获，你要有一技之长。你喜欢体育，可以在作业完成之后，去参加你喜欢的篮球赛，妈妈可以为你买你喜欢的气垫鞋；如果你喜欢音乐，妈妈会让你去参加音乐兴趣班，还可以给你买你喜欢的小提琴；如果你喜欢读书，妈妈可以陪你去图书城，挑你喜欢看的书，因为妈妈知道很多世界大文豪都是从读书开始的。

孩子，也许总是解决不了抽象的几何题；也许总是分不清英语里爆破音和不爆音；也许总是不能说清化学里谁和谁反应了，又生成了啥。可是如果孩子有一技之长，他就可以自豪地告诉别人，你看，我是短跑能手！你看，我写得一手好书法！你看，我可以跳漂亮的舞蹈！

5. 给孩子一个偶像

偶像的作用是非常大的，偶像崇拜有时就像一个人的精神支柱，支撑着一个人去做一些自己不愿去做的事情。这在成龙和张一山主演的《寻找成龙》里有绝佳体现，张一山最终因为成龙许的一个承诺而开始认真努力地学习母语。所以，请给孩子一个偶像，他可以是松下幸之助，因为当记者问他是怎么成功的时候，他告诉记者：第一，我的家境不好；第二，我的身体不好；第三，我的学历不高。家境不好，意味着他要更努力：身体不好，意味着他不能从事体力活；学历不高，意味着他不能做学者，所以，他选择了从商，并最终成了"经营之神"。

法则 3　给孩子一些挫折，让他（她）自己去解决

★ ★ ★ ★ ★

曾经有一部日本影片，里面有个让人难忘的画面：

父亲在一条小路上教孩子骑自行车，孩子刚上自行车，父亲就放手了，孩子就这样狠狠地摔倒在了地上。父亲非但没有扶起孩子，相反却在旁边命令孩子——站起来，我们继续！孩子扶起自行车，拍了拍裤腿，又继续练习了。

这个情节如果放在中国父母的面前，断然不是这样的。孩子上了自行车后，

父母是决然不会放手的。如果自行车摔倒了，父母会立即上去扶起摔倒在地的孩子，然后心疼地说，我们不练了，反正以后也不用骑自行车。

在中国的课堂上，老师听到学生们说得最多的就是：老师，他抢我的东西；老师，他不和我玩；老师，他骂我……再来看看国外的小朋友是如何自己解决与小朋友之间的争执的。

文莉想要好朋友梅莎的植物种子，可梅莎不愿意给她。文莉向梅莎许诺，如果梅莎能给她植物种子，等有了大自行车，一定让梅莎骑，可梅莎还是不答应，文莉只好伤心地走了。不一会儿，文莉拿来一个小铲子给梅莎并说，我们一起种这些种子，你种一些，我种一些，然后，两朵花归我，两朵归你，好不好？梅莎同意了，于是，两个小朋友高高兴兴一起种起种子来。

孩子们之间的争执、冲突应该让孩子们自己去解决，让孩子们在冲突中找到解决问题的方法，得到锻炼和成长，磨炼他们的社交能力和技巧。在解决冲突的过程中，即使发生肢体碰撞也没有关系，父母应允许孩子尝试解决问题的多种方法方式，包括打架。有研究表明，男孩子之间的扭打碰撞，会对男性大脑的发育、荷尔蒙的分泌产生至关重要的影响。

鉴于此，建议父母一定要大胆地把手放开，让孩子从解决自己身边的问题开始，勇敢地面对挫折。让孩子多经历一些挫折，让他自己去解决问题。

1. 多给孩子一些难题，让他们懂得去思考

给孩子设置一些问题，让孩子自己去思考解决问题的方式，当孩子求助时，父母应该继续引导孩子，而不是爽快地给出答案。不管孩子想到了什么样的解决方法和意见，也不管孩子的解决方法是否能解决问题，也不用在意孩子的想法是不是让人哭笑不得，父母应该注意的是这些想法都是孩子通过自己的思考得来的。

父母要重视孩子思考的过程，让孩子拥有与众不同的想法才是最重要的。

注意倾听孩子的想法和意见，当孩子五花八门的想法出现后，先不要一口否决，让他们陈述自己的理由。尽量要尊重孩子的意见，在不是很影响结果的情况下，尽量采用孩子的建议，肯定孩子，让他更有信心去解决其他的事情，就像下面这个案例：

兰兰的爸爸想在院子里修一个小秋千，给兰兰和她的哥哥玩耍。爸爸向家里所有的成员征集设计方案。

兰兰说，爸爸应该在秋千上装上漂亮的花朵，因为，所有的公主都有一个长满鲜花的秋千；而兰兰的哥哥却说，我想要在秋千上装一把枪，这样我在玩秋千的时候也能消灭敌人。兰兰哥哥的敌人是苍蝇，自从自然课上讲了苍蝇是四大害虫之后，他就把消灭苍蝇当做自己的重要任务。

爸爸听了他们的意见后，很是为难，因为他本意就是两根绳子一个坐垫就搞定的事情，可现在却变得这么复杂。可兰兰的爸爸还是决定尊重孩子们的意见。制作秋千那天，全家总动员，兰兰在秋千的坐垫上缠上了她最喜欢的花，兰兰的哥哥则在秋千的上方，绑了一把玩具机关枪，大家的建议都实现了。现在这架秋千是最奇特的秋千，可所有的朋友都认为，这是一个非常出色的创意！

2. 让孩子有一个坚强的意志，可以承受失败

不可否认，天真的孩子总是会有让人意外的、很棒的点子，可是，孩子往往意志薄弱，干什么事情都只有三分钟的热度，做作业做到一半就跑去看电视了，告诉妈妈他可以去送信给叔叔，可是却因为找不到合适的代步工具而放弃了……一旦遇到困难马上就会缴械投降，再好的点子也无法实现。因此，父母迫切需要让孩子拥有一个坚强的意志，让孩子可以承受失败。

教会孩子独立承担责任。只要孩子自己能做的事情，父母一定不要插手，让他自己去完成。如果预料到孩子不可能完成，也要让他先去尝试，再决定帮不帮且帮到什么程度。孩子通过自己的努力能做到的事，父母哪怕只帮一分，都是在阻碍孩子意志力的发展。

不要对孩子的要求过高。让孩子完成的任务一定是在孩子能力范围之内的，别逼着孩子硬着头皮去完成，就像孩子只能吃得下一碗饭，别逼着孩子去盛第三碗。给孩子制订过高的目标，让孩子过分地迎难而上很容易摧毁孩子的意志。

给孩子一些挫折，让他自己去解决，并且告诉孩子失败并不可怕。伟大的发明家爱迪生也是在失败了 1600 多次后，才找到能发光 45 个小时的电灯，再经历了 6000 多次的失败后，才找到了能发光 1200 小时的电灯。

法则 4　给孩子一些信心，让他（她）去雕刻自我

★ ★ ★ ★ ★

东汉有一个叫做陈蕃的少年，他的住处十分凌乱肮脏。他父亲的好朋友薛勤批评他，为什么不打扫干净房间来迎接客人？

陈蕃回答说："大丈夫处世，当扫除天下，安事一屋？"

薛勤马上反问他道："一屋不扫，何以扫天下？"

陈蕃哑口无言。

试想，如果孩子像陈蕃一样不去料理自己的日常生活，甚至无法料理，只懂衣来伸手、饭来张口，没有一点生活自理能力，那么孩子在走上社会之后，该如何处理好烦琐的工作？该如何在工作中取得令人欣喜的成绩？

随着孩子年龄的不断增长，在学习能力以及其他能力不断提高的同时，他会逐渐意识到要管好自己，并有意识地去雕刻自己，让自己成为理想中的人。但是许多孩子由于独立性太差、经验太少，或者由于缺乏自我约束的能力，往往做不到自我管理和自我塑造。有些专家认为，中国的孩子存在的问题不在于智力而在于缺少自我管理能力。大部分孩子没有自我管理的能力，一旦离开父母，很少孩子能独立生活，更别说管理好自己了。

托尔斯泰说过："一个人要有生活目标，一辈子的目标，一个时期的目标，一年的目标，一月的目标。"对于孩子而言，请父母暂时抛开孩子一生所要实现的目标，先说升学目标。从小学到大学，要逐一完成这些目标，光靠父母的帮助是完不成的，必须让孩子积极地参与、管理自己的生活、学习目标，做好自我管理，才能完成人生的大目标。

所谓自我管理，就是一个人对自己的思想、心理和行为表现进行管理。自我管理就是自我监督、自我评价、自我提高和自我反省。"自我"是自我管理中最核心的关键词，需要靠自己内在的积极性去管理，而不是靠外力、靠外人去管理。很多对社会有所贡献的科学家和学者，他们成功的过程，就是自我管理在起作用。哈佛大学曾经有一个非常著名的调查，一群智力、学习成绩、环境条件上都差不多的年轻人，经过长达 25 年的跟踪调查，那些目标具体清晰的、善于自我管理的人，几乎都成为了社会上成功的人士；而那些自我管理差的人大部分都身处中下层。可见，一个人成功与否，很大程度上靠的是自我管理。

可以将现在的一些父母概括成"保姆型""拐杖型"两大类，这两类父母都没有培养孩子自我管理能力的明确意识。"保姆型"父母完全包办孩子的生活，使孩子没有锻炼的机会；"拐杖型"父母则放任不管，让孩子自己摸索。这两种做法都是不对的。正确的做法应该是父母要给予孩子信心，教育孩子时要批评、鼓励加严格要求多种方法相结合，培养孩子的自我管理能力，让他们去雕刻自我：

1. 对孩子要夸奖，不要斥责

当孩子尝试着去做某件事情的时候，尽管没能做好，也千万不能斥责。比如，第一次帮妈妈择菜，不要因为孩子择掉了最新鲜的菜叶而大声斥责孩子："你怎么什么都做不好！"孩子第一次想要自己倒果汁，却洒了一地，不要因为又要打扫卫生而生气，你应该看见，孩子正在努力尝试自己动手做事情。

留心观察孩子的每一点点进步，然后真诚地称赞他、夸奖他，你抱一抱他、亲亲他，告诉孩子，他有多棒！看！他自己洗的衣服，很干净！他用一个下午准备的晚饭，很可口！他整理的房间，很整齐！他帮忙刷的油漆，爸爸非常满意！父母对孩子的肯定会让他有充足信心，自己动手处理任何事情。

2. 让孩子养成一个良好的生活习惯

让孩子养成一个良好的生活习惯。这不但有助于节约孩子的时间，也有助于让孩子拥有一种规律生活方式，这是人一生中走向成功的坚实基础。

在一次诺贝尔奖得主参加的聚会上，有位记者询问一位科学家："请问您在哪所大学里学到了您认为最重要的东西？"这位科学家告诉记者：我在幼儿园学到了影响我一生的东西。记者很诧异，这位科学家却告诉记者，在幼儿园里，我学到把自己的东西分一半给小伙伴，共同分享我们的快乐；不拿不属于自己的东西；东西要摆放整齐；吃饭前要洗手；自己的事情自己做；做错事情要道歉；要早睡早起……这位科学家的回答告诉所有人一个道理：在孩提时期养成良好的生活习惯是多么重要！

3. 让孩子学会管理自己的生活

在许多家庭里，孩子五六岁了还要父母喂饭；上了小学，还不会穿衣服，还要父母收拾书包。走在某个小学的路口，时常会看见父母或爷爷奶奶一手牵着孩子，一手拎着书包；在孩子的学习方面，有的父母全程陪读，帮孩子做作业，有的父母不惜重金为孩子请家教……这些保姆式的管理，使孩子没有自己动手的机会，越来越丧失了基本的生存能力。

父母应适当放手，尽量让孩子做些力所能及的事情。比如，在生活中，让孩子参加每周末的家庭大扫除，让孩子整理自己的房间，让孩子自己准备出去郊游的必需物品，让孩子给宠物洗澡等；在学习中，让孩子自己独立完成作业，自己收拾整理好书包，每天调好闹钟，按时上课等。长期坚持下去，孩子会在生活和学习中，形成一套完整的自我管理系统。

4. 让孩子学会控制自己的情绪

告诉孩子，保持微笑是一件很重要的事情。培养孩子坚强快乐的性格，让孩子学会控制自己的情绪，每天都保持快乐的心境，远离愤怒、忧伤。生活中，父母应该帮助孩子找到宣泄不快的方法。比如，告诉孩子可以把所有的烦恼与不快写进日记里，或是向父母、最要好的朋友倾诉，来缓解心中的不快；告诉孩子控制情绪的最好方法是冷静，冲动是魔鬼等等。

记住了，请给孩子多一些赞美和信心。放声夸孩子，放手让他们做事，放权给他们。通过这样科学的放养，把孩子雕琢成一个完整、乐观、自信的人。

法则 5　给孩子一个空间，让他（她）自己去尝试

★ ★ ★ ★ ★

　　每个父母都"望子成龙""望女成凤"，于是便有很多的父母给孩子安排许多的事，给孩子铺前进的砖，垫发展的瓦，编交际的网。父母把触角延伸到孩子生活的每个角落，力求给孩子一个更好的发展空间，让孩子在社会上站得更稳、立得更高。可很多父母却忘记了，就算你把饭送到了孩子嘴里，也还是要他自己嚼、自己咽。

　　做父母的总想着让孩子快点长大成人，快点熟知社会诸多准则，快点练习社会诸多操作手则，快点迈向成功。如果父母看到孩子一个人坐在房间里，什么都没做，只是看着窗外的天空发呆，父母会怎么做？有的父母一看到孩子发呆就不可忍受，他们从不会去担心孩子是否在烦恼什么问题。一些父母很不愿意看见自己的孩子待着没事干的样子（即使只是短暂的发呆），父母总是认为孩子一定要在做些什么，无论是画画、看书，还是写作业，孩子总应该去做其中某一件事，因为只有这样孩子才能够成长，才会离成功更近一点。

　　这些父母恰恰不明白，要给孩子一些自由，给孩子一些空间，孩子才会在自由的空间里更清楚明白自己应该去做什么，不应该去做什么。随着年龄的增长，孩子需要自己考虑的问题越来越多，孩子需要自己进行思考，并塑造自己。只有给予孩子适当的自由的空间，孩子才能拥有更大的创造性，才能在社会上表现得更出色。

　　玲玲今年 15 岁，正是情窦初开的年纪。她一直羡慕 23 岁的大表姐有一个特

帅的男朋友，每天用自行车驮着表姐去上学。尽管妈妈在家里三令五申，不能早恋，学校老师也说过早恋的诸多坏处，可玲玲还是和一个大她 5 岁的男孩子交往了。心思细腻的玲玲开始写初恋日志。玲玲的心思怎么瞒得住妈妈呢？妈妈在第一时间发现了玲玲的不对劲，首先是玲玲周末去图书馆的时间多了，再就是玲玲现在都不喜欢妈妈顺道和她一起回家，总是找借口让妈妈先走一步。妈妈还在买菜的时候，看见了玲玲和一个男孩子在一起。

回到家后，妈妈和爸爸开了一个紧急会议，商量如何处理玲玲的早恋事情。妈妈主张快刀斩乱麻，立即掐断，理由是，玲玲还小，怕玲玲受到不可逆转的伤害。而爸爸则认为应该给玲玲一个空间，自己处理这件事。爸爸跟玲玲的妈妈说：我比你更害怕玲玲受到伤害，但人生中的很多课程需要玲玲自己去实践，我们帮不了什么忙，甚至会越帮越忙。这样，我们留意玲玲的每一个小细节，尽量让玲玲不受伤害，静观其变。在玲玲爸爸的劝说下，妈妈勉强答应了。

刚开始，玲玲开心得像坠入了蜜罐里，妈妈看在眼里，急在心上，爸爸却让妈妈稍安勿躁。过了一段时间，玲玲的情绪开始陷入低沉。妈妈一看就知道玲玲在情感上遭遇了挫折。果不其然，一天，玲玲打完电话后，从房间里传来低低的哭泣声。妈妈见状马上抓住机会，和玲玲进行了一场母女之间才有的悄悄话。妈妈告诉玲玲："妈妈年轻的时候有一个小恋人，从小青梅竹马，并且许下诺言，要一辈子在一起。可是，在 19 岁那年，男孩考上了省外的一所重点大学，妈妈因为成绩考得不是很理想而留在了省内。两地分隔的感情，很快被距离拉开了，而且渐渐变淡了。后来，妈妈在大学里遇到你爸爸，再后来，就有了你……"

自从那晚母女俩的知心谈话后，玲玲的生活状态渐渐和以前一样了。玲玲在她的初恋日记里写下了这样的话：早恋的花很美，可是含有太多的毒素。让我再长高一点，再成熟一点，然后，再去采摘那朵叫做爱情的花。

社会有太多的准则，孩子无法一一把握，可是一旦孩子缺少了这些准则，也就没有了衡量对与错的尺度。如果孩子自己都不知道哪些事情应该做，哪些事情不应该做，那么，就很容易做错事，甚至陷入歧途。生活在社会中的人们时时刻刻都会受到法律和道德等准则的约束，很多准则父母也无法言传身教。这个时候，只有放手让孩子自己去思考、去探索，才能让孩子不断完善自己，才能把握尺度，做到最出色的自己。

如果父母想让孩子有一个健康的人生，就给他一个属于自己的空间，给他一个很少有人干涉，可以自己思考、享受、创造的空间。像玲玲的妈妈和爸爸一样，让玲玲在自己的梦幻小屋里，为自己的初恋悄悄的幸福甜蜜，为自己的失恋默默地难过悲伤。没有狂风和暴雨哪能见到七色的彩虹，只有等孩子在自己的梦幻世界里睡着又苏醒过来，他才明白世界上的很多事情与他所想的不一样，想象和现实有一定的差距。

给孩子一个属于自己的天地一个自己的空间，让他（她）自己去试炼，这样才能够给他（她）真正想要的生活，这样他（她）才能有一个完整的人生，也只有这样才能让孩子真正地成长。为了孩子的未来，父母何不试着放宽心态，给孩子一个属于自己的空间呢？

法则 6　给孩子一些方法，让他（她）自己去竞争

★ ★ ★ ★ ★

孩子终究要长大成人，离开父母的羽翼，踏入社会，独自在人生的角逐场上搏斗、拼杀。每一位父母都希望自己的孩子能在这场拼搏中胜出，并在社会上占

一席之地。

曾看到这样一个故事：

沙克的妈妈很疼爱沙克，除了上学、做功课，沙克的妈妈不允许沙克做任何事。有一天，朋友造访，看到沙克的妈妈正在给小沙克刷鞋，而小沙克却跷着双腿吃零食，无所顾忌地把垃圾扔在妈妈刚刚扫过的地方。朋友见了，就跟小沙克的妈妈说：你为什么不让沙克自己刷鞋呢？这样，你就可以去做其他更重要的事了。沙克的妈妈一脸严肃地告诉朋友：我的儿子沙克将来是要当总统的，怎么可以刷鞋呢？朋友愕然。

是呀，像小沙克这样的孩子不仅不会成为总统，他甚至连当总统的仆人都不会合格。很多父母总是望子成龙，却不想，正是因为自己总是"处心积虑"地让孩子过得更好，却忽视了对孩子竞争力的培养，导致孩子终日躺在父母宠爱的温床里，这样的孩子如何能在社会上立足。

为了让孩子将来在"战场"上有足够的"装备"与"技能"去"厮杀"，父母要让孩子学会竞争，要培养孩子的竞争意识。"爱拼才会赢"，一个不敢去竞争的人，注定只能拥有一个失败的人生。只有敢于拼搏敢于竞争的人，才有可能获得成功。

其实孩子天生就具备竞争意识，从孩子最初的极具竞争性的语言：我的比你的好看、我的饭比你的香、我做得比你好……这些都是孩子竞争意识的萌芽，但仅仅让孩子拥有竞争意识是远远不够的，父母还应该通过科学地"放养"来培养孩子的竞争意识，加强孩子的竞争能力。

1. 一个敏锐的观察力是孩子竞争时的木桨

让孩子拥有敏锐的观察力，就能让孩子在鱼龙混杂的社会上辨忠奸、分是非、识美丑。在生活中，有意识地让孩子随时随地对周围的事物进行有目的的观察。比如，观察家具的形态、颜色、特点、制作水平；观察身边形形色色的人物；观察自己最熟悉的校园、老师、同学、花草、树木……父母可以要求孩子一边观察一边用语言描述，然后和孩子一起探讨，看孩子观察得仔不仔细，描述得确切不确切。父母经常和孩子进行这样的观察和交流，时间一长，孩子的观察力就能得到大幅度的提高。

2. 一个良好的记忆力是孩子搏击风浪时坚硬的甲板

良好的记忆力会让孩子在充满竞争的社会里受益匪浅。培养孩子的记忆力，是一个很复杂的过程，但父母只要方法得当，必能起到成效。

给孩子确定一个明确的记忆目标。大到记住一篇课文，小到记住一个音节，让孩子有的放矢地抓住记忆目标，直到完全记住为止。这样由浅入深由少到多，循序渐进地培养孩子的记忆力，可以慢慢让孩子更有自信心。有了这个自信心，孩子在记忆的时候就会精力集中，思绪敏锐，记忆起来也会越来越快。

培养孩子良好的记忆习惯，让孩子在理解、及时复习的基础上记忆，记忆之后还要及时、反复地复习，这样才能最大限度减少遗忘。此外，培养良好的记忆力还要注意让孩子劳逸结合，科学用脑。

3. 思考是孩子竞争时精确的天气预报

孩子一遇到疑难问题，总希望父母马上给他答案，而很多父母也总是会对孩子倾其所有、有求必应。殊不知，让孩子养成一种依赖父母的习惯，而不懂得自己去寻找答案，不能养成独立思考的习惯，是对孩子的一种伤害。

想让孩子有独立思考的习惯，就要经常给孩子出一些问题，让孩子的大脑活动起来。当孩子提各种各样问题的时候，父母要跟孩子一起讨论，解释这些问题。

父母积极主动地与孩子一起思考、一起讨论问题，对孩子影响很大。当孩子向父母提问时，如果父母也弄不清楚，父母可以跟孩子一起通过请教他人、查阅资料等方式来获得答案。这个过程最能提高孩子的思维能力。孩子十一二岁以后，有的不爱向父母提问题了，父母应该主动提出一些问题进行讨论，包括家庭生活中遇到的一些难题。父母甚至可以放下"架子"，向孩子请教一些自己不懂的问题。

这些做法，对发展孩子思维大有好处，会让他在未来的社会生活中具有出众的能力和智慧。

4. 让孩子善于想象，想象力是孩子竞争时有力的翅膀

想象在人的智力活动中，占有十分重要的地位。没有想象，大千世界将变得黯然失色。爱因斯坦说过："想象比知识更重要，因为知识是有限的，而想象力概括了世界的一切！"更有科学家直接道出爱因斯坦之所以成为一个伟大的发明家，在很大程度上是因为想象力给他的激励。父母在生活中，应如何培养孩子的想象力呢？

(1) 扩大孩子的知识积累量

雄厚的基础知识是孩子展开想象翅膀的有力前提。任何想象都离不开基础的语言材料，让孩子扩大语言文字积累，比如背诵名家名段、名人名言；扩大词汇量，并学好课文中的比喻修辞手法；在平时的课外阅读中，把遇到的好词、好句摘抄下来，利用休闲时间温习巩固。这样在运用想象时，才可以极大地丰富和扩展想象的空间。

(2) 培养孩子的爱好，让孩子参加他喜欢的兴趣班

让孩子在兴趣班里尽情发挥他的特长。孩子在兴趣班里所接触到的新鲜事物

以及各种丰富的形象化事物，对提高孩子的想象能力十分有益。10 岁的小樱参加了一段时间的音乐兴趣班之后，在语文老师布置的用"蹦蹦跳跳"造句的作业上，写出了下列的句子：三月的春风，裹着泥土的清香，像乐谱上可爱的小蝌蚪，蹦蹦跳跳地向我们走来了。这个句子的比喻十分形象生动，老师很是欣赏。小樱能造出这样的句子，相信与她参加音乐兴趣班是分不开的。

(3) 让孩子讲出自己的故事

广西南宁有一个小龙人故事培训学校，办得很是热火朝天，这个培训班出来的许多孩子都在讲故事比赛中获得了不错的成绩。这些孩子都有一个共同点，特别伶牙俐齿，而且极富有想象力。这个培训班是如何让这些孩子拥有这一特点呢？就是积极鼓励孩子说出自己的故事，说出自己的感受。请看这位刘莹小朋友如何说出自己的故事和自己的感受。

有一年夏天，刘莹看到一位阿姨穿了一条粉红色的棉布裙，还带了一把墨绿色的太阳伞，就对阿姨说："阿姨，你真像一朵牡丹花。"那位阿姨一愣，显然没料到这位小姑娘会这么夸她。一会儿，刘莹又接着说："牡丹花跟阿姨一样的漂亮，你们都有粉红的花瓣，都有绿色的枝叶，你看，你们还都有黑黑的大眼睛。"

那阿姨也来了兴趣，就低下头问刘莹："牡丹花的大眼睛在哪儿呀？"刘莹指着棉布裙上的花朵说："牡丹花的花蕊是黑色的！

所以，让孩子讲出自己的故事，也是培养孩子想象力的有效方法之一。当然，故事可以是现编的，也可以是书上的或者听来的；可以让孩子将故事讲给小朋友听，讲给爸爸妈妈听，讲给陌生人听。只要孩子开口，父母一定给予积极的鼓励。久而久之，孩子的想象能力将会越来越强。

"授人以鱼，不如授人以渔"，给孩子一些"捕鱼"的技术，即使放他们于汪洋大海里，孩子也能捕回丰硕的成果。

法则 7　给孩子一些忠告，让他（她）自己快乐成长

★　★　★　★　★

当代社会，人们的生存压力越来越大。紧张的工作有时候让父母很少有时间和心情去关注孩子是否在快乐的成长，而把注意力主要集中在了孩子的衣食住行方面。其实，孩子的心理健康才是重要的。所以，父母要在适当的时机给孩子一些忠告，让他们快乐成长。

让孩子快乐成长，并不是一件简单的事情，却至关重要。有位研究儿童心理学的专家这样说过："童年玩得越好、越快乐，孩子成年后的抗逆性会越强，能够承受更大的磨难。"事实也确实如此，如果孩子从小就有一颗快乐的心，生活在他们的眼中就会变得非常美好，那么，在今后的生活中，他们如果碰到了苦难和坎坷，也会用乐观向上的精神和勇气去克服、承担苦难和挫折。

要给孩子些什么忠告，才能让孩子们快乐成长呢？

1. 要让孩子学会独立成长

吴思帆是家族里唯一的男孩子，所以爸爸妈妈、爷爷奶奶等平时对他是娇生惯养。一重等到他上初中的时候，衣服袜子都是父母给他洗。吴思帆上了高中，按学校的要求是需要住校的，这下可让他感到为难了。吴思帆连衣服也不会洗，被子也不会叠，这遭到了同学们的嘲笑。幸亏他鼓起勇气，在同学的帮助之下渐渐学会了处理自己的日常生活，才摆脱了这种尴尬。

如果当初父母让吴思帆从小就开始锻炼的话，那么这种事情就不会发生了。

可以想象一下，一个处处都需要依赖父母的孩子，又怎么可能快乐呢？相信孩子能自己处理自己的事情，收获自己的劳动果实，那孩子一定是非常开心的。如果一切由父母来代劳，不仅孩子体会不到这种快乐，而且还会由于父母做的事情不合自己的心意而烦恼。一旦脱离了父母帮助，孩子就会感到茫然而无所适从，不知道如何应对那些难题，这样就会对自己产生一种悲观失望和委屈无助的心理。这种情况之下，孩子想快乐起来，那是非常困难的，甚至于会在孩子的成长过程中留下心理阴影，产生负面影响。

2 要让孩子学会去关心别人

父母首先让孩子学会懂得如何关心家人，然后才能关爱他人，关心社会上的事物。父母给孩子以亲情和家庭的温暖，就会让孩子有一种安全感，从而让孩子感到开心和快乐，并逐渐学会如何去关心父母和他人。孩子如果从小接触到的是不通情理、冷漠的父母，那么又怎么能在成长过程中快乐起来呢？

良好的家庭气氛是孩子快乐成长的基石，学会关心别人是孩子快乐的源泉。

3. 让孩子做到张弛有度

孩子面临着学业的压力，还要处理同学、老师之间的关系，有的孩子还要背负着考上重点中学或者大学的期望，背负着这么多东西还想让孩子无忧无虑，确实有一定的难度。父母走入孩子的内心，懂得他的心思，不要给他增加过大的心理压力，是让孩子快乐成长的最好方法。父母一定不要过早地否定孩子的行为，不要设定过高的标准，以免孩子做不到的时候，心里产生一种自卑感和挫折感，这样一来，孩子快乐的权利就会在无形中被父母所剥夺。有的父母还把别人的孩子与自己的孩子作比较，想用激将法来激励孩子，却适得其反，让孩子产生过大的压力甚至丧失自信，这是非常不可取的做法。

在现实生活中，孩子由于心理年龄和生理年龄的限制，很难达到成人的要求，再加上孩子的个体成长的差异，父母不能规定一个所谓优秀孩子的标准让孩子来完成。父母所要做的是鼓励和积极的引导、肯定孩子，给孩子以支持，并注意减轻孩子过重的心理压力，这样孩子才能变得开心起来，快乐地走完成长历程。

法则 8　给孩子一些自由，让他（她）自己去创造

★　★　★　★　★

近代思想家梁启超说过：少年智则国智，少年富则国富，少年强则国强。孩子是未来的希望、孩子是祖国的明天。

面对现今越来越严峻的就业压力，想要孩子以后有更好的发展，父母理应放手，给孩子一些自由，让他们自己去创造、去自我肯定，让孩子尽量发挥自我创造的能力，去自我实践、自我创造。

荷兰的马都拉丹文化古城内，设有一座独具特色的儿童城。这是一个自由的国度。在这里，孩子拥有自己的世界并且也调有自己的事业。在这个国度里建设有按照一定比例修建的荷兰古今名胜建筑以及错落有致的街道。只要在指定的地点分别投进规定的硬币，小城里设置的一千多个七厘米高的小假人会即刻在大街小巷上活动。该儿童城每年从本市小学生中挑选出最优秀的学生来担任"市长"，另选 30 名学生担任"议员"负责接待游客，而儿童城所有的收入，均捐赠给世界各地的福利院和伤残疗养院。

在美国的阿拉斯加州凯奇坎市，设有一家儿童侦探所。这家侦探所的所有成

员均是 10 岁左右的孩子，他们的主要业务是为客户寻找各种失物，比如丢失的小宠物、钱包等，并且还是案子破获后才收费。

作风一贯严谨的德国人，在邦伯尔克设有一个儿童邮局。这里的工作人员都是儿童，他们穿着邮局制服，戴着工作帽，热情地为顾客服务，在当地享有一定的盛名。

这些事实证明，只要给孩子一定的自由、一定的空间、一定的条件，孩子的创造力将无可限量。

创造是孩子自主性的最高层次表现，孩子的创造性是时刻让人惊喜与充满期待的。人们一直都相信这样一个事实：凡是有所成就的人，不管是商人、文人还是艺人，他们之所以成功，都是创造力得以发挥到极致的成果。特别在信息技术高速发展的今天，创新已经是时代的需要，现在的社会需要的是创新型的人才。所以，给孩子一些自由，让他们去自我创造，去自我肯定。只要给孩子合适的条件，就能巧妙激发孩子的创造力。

心理学家罗吉斯曾说过：如果把孩子的创造力比作一颗种子，那么激发孩子创造力的条件就是孕育种子发芽成长的土地。在罗吉斯的研究里，激发孩子的创造力有两个重要的条件，一个是提供孩子心理的安全感，二是保持孩子心理上的自由。

为此，罗吉斯提供了培养孩子创造力的三个原则：

1. 心无芥蒂地支持孩子处理事物的意见

比如，孩子唱歌时，故意左声左调，还篡改了歌词，这可能是孩子创造行为的一次尝试。如果父母粗鲁地打断孩子，并且告诉他这是错的，孩子的创造行为会即刻停止。当孩子有了发现或自己的看法时，若父母给予抹杀或压制，孩子的创造行为即可能会中断，这对孩子的成长是极为不利的。

有一位妈妈，发现宝宝在用奶瓶吃牛奶的时候，总是喜欢用手指把奶嘴按下去半截后再喝。妈妈觉得这很不卫生，屡次阻止宝宝这么做，可是宝宝每一次都"固执己见"。于是，妈妈也尝试着用手指把奶嘴按下去一半来喝奶，她猛然发现，把奶嘴按下去一半再喝，可有效减少奶瓶里的压强，这样一嘴吸上来的牛奶要比没按下去时吸上来的多得多。怪不得宝宝会经常这么做，原来宝宝还是个小发明家。此后，她不再阻止宝宝按奶嘴，而是改为注意清洁宝宝的手指了。

2. 尽量不给孩子做主观性或客观性的评价

当孩子尝试自己设计房间时，把硕大的老鹰画纸贴在床头，然后把书本放在纸箱上，而把花盆从阳台搬到了书桌上，当父母看到孩子这样布置房子，很可能会认为，那老鹰会让孩子从噩梦中惊醒；寻找书籍时会让孩子弯下腰找半天；做作业时，刚淋了水的花盆会打湿孩子的作业本。

很显然，孩子的设计让父母皱起了眉头。可是如果父母了解到孩子是在用心创造时，就能保持不做评价或者不表示批评的良好氛围，而增强孩子的创造活动。

当然，父母大可以对孩子的创造或设计，表达喜欢或者不喜欢的态度。因为父母只是表示自己的喜好，只是表达自己的想法，并没有否定孩子的创意，这不会打击孩子的创造性。

3. 努力成为孩子的贴心"小棉袄"

父母如果只是单方面地接受孩子的创造显然是不够的，父母必须了解孩子，与孩子产生共鸣，与孩子共同感受某些观点，进入孩子的内在世界。心灵上的自由，是激发孩子创造力的重要条件。心灵上的自由，能让孩子有自由思考和表达情感的机会，更能引发孩子的创造力。

5 岁的玲玲很喜欢画画，尤其喜欢画玫瑰，玲玲曾说，玫瑰是世界上最漂亮的花儿。在玲玲的画画本里，有各种各样五颜六色的玫瑰。

有一天，妈妈在玲玲的画画本上，发现了 5 朵黑色的玫瑰，并且，每一朵玫瑰上都用黑色的颜料浓重地画出了尖尖的小刺。妈妈知道最近玲玲正在积极准备参加幼儿园里的小天使舞蹈队，队里有 5 名小队员，妈妈猜想，玲玲可能是和队里的小朋友相处不愉快。

果不其然，当妈妈到幼儿园了解情况时，5 位小队员因为玲玲刚进舞蹈队而对玲玲很不友好。回到家里，妈妈就向玲玲表达了对她加入舞蹈队的巨大信心，并为玲玲感到骄傲。然后，妈妈还对玲玲说起了雅典著名的演说家狄摩西尼的故事。

在雅典有位名叫狄摩西尼的演说家，可这位雄辩家小时候却是个严重的口吃患者。他年幼多病，两肩不平，个子瘦矮，年幼时他叔叔为了霸占他的家产而将他告上法庭，狄摩西尼因无法答辩而败诉，并因为口吃加上外貌丑陋，处处受到他人的嘲笑和欺侮，一直过着悲哀绝望的生活。

但狄摩西尼并没有被苦难和困难吓倒，他立志矫正口吃，每天在家里对着镜子练习讲话，把石子含在口里练习说话。很长一段时间过后，狄摩西尼纠正了口吃还成为了一位了不起的雄辩家。凭着他的三寸不烂之舌，游说各国，避免祖国被侵犯，并唤起本国人民觉醒，痛击强敌。

当时企图吞并希腊各个城邦的马其顿国王曾叹息道：希腊诸邦虽有强大的海陆军，实不足一顾，所惧者，唯狄摩西尼三寸之舌耳。

听了妈妈说的故事，玲玲一改往日的委靡不振，变得阳光而积极。

给孩子创造一些自由、一些条件，在孩子做事情的过程中，父母不断与孩子进行良好的交流，鼓励孩子，高度评价他的成果，并适时提出新任务，让孩子前进的步伐永不停歇。

第二章

情感教育：
"放养"的孩子早知大爱

人与动物的区别在于人有人性、良知和爱，所以教育的最低标准便是培养高尚的人性和一个会爱的人。只有当人具备了爱人的能力，并将其时刻实践于自己的行动之后，教育才能成为创造而不是毁灭美好世界的力量。

法则 9 学习对生命的敬畏

★ ★ ★ ★ ★

佛曰：众生平等。无论一花一木，一人一狗。对于天真的孩子，更是如此。在孩子纯真的眼睛中，所有的生物都是有生命的，是可以和他们谈心、可以和他们玩乐的。他们尊重那些小小的生物，会因为家中小狗被送走而哭泣半天，也会因为一朵花的开放而喜笑颜开。你送他一个飞吻，他也朝你抛媚眼；你责骂他，他便如法炮制朝你吐口水。孩子就是这么单纯而直接的一类人，公平，爱憎分明，没有任何面具。

但是，随着孩子慢慢长大，在世俗观念的影响力下，有的孩子开始给世间万物划分出三六九等，看到脏脏的环卫工人会掩鼻走过，看到开着宝马车的人会殷勤备至。这些孩子认为的美丽不再是因为他能从中得到愉悦，而只是他看到的那层功利和物质的光环。

人与人的差异体现在多个方面，出身、财富、地位、学识等等。从古至今，从中到外，人进行最广泛的活动就是比较，比较谁更有钱，谁更厉害……每个人在不同时期比较的内容也不同：小孩比玩具，大人比背景，老人比身体。既然有了比较，就会有差异，有优劣，有多寡。在这种差异的基础上，世俗的法则就会将人分为三六九等，于是就有了所谓的尊贵和卑微的区别。在这样功利的比较下，孩子纯净的心灵会渐渐失守，直到有一天，孩子心中的小狗等于火锅，尊贵者变成有钱人时，他们的童年宣告正式完结。

无法责备这样功利的孩子，因为是社会缔造了这样功利的衡量标准，而人只不过是环境之子。出于对权力和欲望的极致渴求，很多人放出心中的魔鬼，对弱小者肆意地践踏和凌辱。小到班里的坏孩子，然后社会上的贪官、黑社会、霸权主义、种族主义，林林总总，莫衷一是。他们都带着精神世界乖张的烙印，不择手段高高站在众人的肩头，疯狂地叫嚣。

生命的渺小、体力的单薄从来不能代表什么，甚至命运的卑微也不能决断什么。人之所以为人，为万物之灵长，是因为人有思想、有主张、有自己的行为意识。每一个人的生命都是严肃、深刻的，是伟大而坚强的。对于别人的活法和选择，任何人无须赘言，因为每个人有每个人的生命历程。无论精彩平庸，做出选择的是他，选择生存的是他，同样，终结生命的也应该是他自己。

没人能做上帝，来决定一个人是生还是死，来判断一个民族是优还是劣。但凡花草虫鱼、飞禽走兽，都拥有与人一样神圣的生命尊严，生命之所以珍贵，在于他的独一无二，在于他的鲜活生动。只有时刻对生命怀着敬畏和感恩之情，对弱小者心存体恤，才会敬重生命，从而珍惜自己。

2002年1月，在澳大利亚举行的网球公开赛上，法国选手雷德拉和桑托罗正在与另一对选手布特和克莱芒紧张地进行着男双半决赛。突然，球场上空飞进来一只忙于捕捉飞蛾的小鸟，不偏不倚正好被雷德拉一记势大力沉的回球击中。

这时，令全世界亿万观众感动的一幕出现了：准备接球的布特看到小鸟落地，马上扔掉球拍，迅速跑到小鸟坠落的地方，眼见小鸟已坠地死亡，便双膝跪下，手在胸前面着十字，送上最后的忏悔与默哀，直到裁判用手帕把小鸟包起，送到场外。

在那一刻，一定是发自内心的对生命的敬惜、怜悯，使布特忘记了网球公开赛的决赛、忘记了金牌。在那一刻，他的心中只有一个生命，一个被偶然误伤的小鸟的生命，对他而言这个小鸟生命的价值远远大于世界冠军的奖杯。

千万别教坏孩子，千万别让世俗的价值观污染孩子。当一个孩子不再尊重弱者，一切所谓庄严的生命在他们眼中都将变得一文不值。生命不分贵贱，父母要告诫孩子的便是这句振聋发聩的真理。在很多年后，这句话依旧可以让孩子找回曾经的童真和感动。他会记起曾经因为失去小狗而掉落的泪水，因为花开而绽放的笑颜，他会记起曾经对爱的真诚体会。世界上称得上伟大的不是金钱、地位和权力，而是生命的珍贵和可爱。每一个人活着的理由和生存方式都是有尊严的，所谓的卑微者也有值得敬畏的理由。而这个最大的理由，就是他是独一无二的生命，拥有谁也无法剥夺的生存权利。

活着，就是最大的尊贵。

法则 10　让爱成为一种习惯

★ ★ ★ ★ ★

中国古代有句名言：羊有跪乳之恩，鸦有反哺之孝。说的是，小羊为了报答父母的养育之恩，当父母年老体弱行动不便时，小羊就跪下来用乳汁喂养父母；小乌鸦为了报答父母的养育之恩，当父母年老体弱不能外出捕食时，就将食物口对口地喂养年老的父母。

动物尚能如此，何况人类呢？可许多父母都普遍认为现在的孩子不懂得心疼父母，不懂得孝顺老人，不懂关爱家人，不知道回报社会……孩子们不懂的太多，不会的也很多，究其原因，都是源于孩子不懂爱、不懂感恩。

在汶川大地震中有一个感人至深的面面，一个 3 岁的小男孩，在地下被埋了17 个小时后被解放军营救出来。小男孩左臂骨折，当士兵们给他包扎的时候，他突然停止哭泣对着给他包扎的士兵说："叔叔，谢谢你们。"然后，在要上担架之前，小男孩吃力地举起他的右手，给士兵们敬了一个队礼。

笔者无法用语言形容，看到这幅图画时，给笔者内心所带来的感动与震撼。是什么样的父母培养了如此优秀的儿子？让他那么小就懂得了爱，懂得了感恩。

懂得爱和感恩是一个人的基本素质。只有一个懂得爱和感恩的人，才能给别人带来爱和感动，才能在社会上更好的立足。父母要学会引导孩子去体味这人世间最美好的真情，让孩子对父母、对生活、对身边的人和物充满爱、充满感恩。

1. 扼住宠溺的源头

孩子不懂得感恩，父母要深刻反省自己。•

父母的爱，对于孩子来说，就像一个"自动柜员机"，总是源源不断，让孩子可以随心所欲地支取、挥霍。看看现在的孩子，吃过晚饭后，一转身就看电视或出去玩了，而父母却忙碌地收拾着碗筷；家里有什么好吃的，父母总是会留给孩子，却很少见孩子把好吃的东西分给父母一口；如果孩子生病，父母忙前忙后，百般关照，恨不得生病的是自己，而父母身体不适，孩子却很少有过问候。

很多人都说现在的孩子不会关心体贴父母，对父母为自己所做的一切不懂得感恩。这时父母应好好思考一下，或许这一切的罪魁祸首正是父母自己。现在的孩子生活是如此的安逸，父母陪吃、陪读、陪玩……所有的事情，都由父母包办。孩子将这一切都当成理所当然，自然学不会感恩。

相信很多父母都会有这样的心态，只要孩子能健健康康地成长，学有所成，自己吃点苦、受点累无所谓。可是就是这种"不求回报"的宠溺，无形中失去了及早对孩子进行尊敬父母、关爱他人培养的时机。关爱孩子，这是人人都懂得的道理，但如果对孩子只是一味付出而不求回报，就有可能将孩子培养成只知索取而不知感恩的人。

在水中放进一块小小的明矾，就能沉淀所有的渣滓；如果在孩子的心中培植一种感恩的思想，则可以沉淀许多的浮躁、不安，消融许多的不满与不幸。不想让爱变成"害"，就请父母扼住宠溺的源头，唤醒孩子灵魂最深处的善良本性与感恩之心。

2. 身体力行，与孩子一起爱

孩子的心灵是很敏感的，他能敏锐地感受到成人的情感态度。事实上，如果一个孩子生活在一个充满仁慈、爱心和责任感的家庭，日后的他将会成为一个健康、正直、乐观向上、有所作为的人。而如果一个孩子生活在一个愚昧、落后和自私自利的家庭，日后他极有可能成为一个自私自利、毫无教养，甚至危害社会的人。

在美国电视剧《越狱》红极一时的时候，有很多人都会发出这样的感慨，为什么 Tbag(剧中人物)像只打不死的蟑螂一样坏得那么彻底？笔者认为这是"熏陶"的力量。Tbag 从小就生长在一个充满乱伦、罪恶的家庭。父亲的一言一行所给他带来的不良影响就像斩不断的野草在他的心底扎根，疯狂生长。

家庭教育寓于日常生活中，父母不良的言谈举止时时刻刻都在被孩子模仿。父母道德言行对孩子的影响是所有影响中最为持久最为深远的，日常生活中真真切切的小事对孩子来说，却是最有说服力的，让孩子感受最为深刻的。

所以，父母应努力营造一个充满爱心、感恩之心的家庭，与孩子、与亲人建立起一个积极向上的亲情关系，让孩子亲身感受爱的氛围，在良好的生活环境下健康成长；让孩子从每一个小细节中学会感恩，让孩子充满爱心。

父母在日常生活中可以这样做。在有好东西的时候，先递给爷爷奶奶而不是孩子；经常带孩子去看望外公外婆，与孩子一起给外公外婆买礼物、生活用品等；让孩子经常带老人出去散散步，与孩子一起给老人洗衣做饭、打扫卫生……这些日常生活里细小的事情都会在孩子天性善良的心底扎根。相信在这种家庭环境下成长起来的孩子一定是个充满爱心、懂得感恩的人。

让孩子学会爱，懂得父母的养育之爱、老师的教育之爱；让孩子学会感恩，懂得社会的关爱之恩、军队的保卫之恩、祖国的呵护之恩……一个有爱心的孩子，才会心地坦荡，胸怀宽阔，自觉自愿地给人以帮助，助人为乐。

爱，是父母留给孩子的珍贵财富，爱也是一种生存智慧，是为人处世的道德底线。在一个文明社会，怀有一颗充满爱充满感恩的心，就能促进人与人之间互相尊重、互相信任、互相帮助。

让孩子去爱，给父母一声温柔的问候；给老师一个真心的微笑，给同学一双友谊的手；给陌生人一丝心灵的温暖。让孩子去爱，给陌生人一个善意的微笑。让孩子去爱，给予身边的人像太阳一般的温暖。

法则 11　"死亡教育"：对生命的珍重从还原真相开始

★ ★ ★ ★ ★

一位母亲在博客上写了一篇日志，说的是她和女儿然然一起探讨有关死亡的问题。一天，然然发现奶奶的手上很多血管凸起，皮肤枯皱，她就问母亲这是为什么。母亲告诉她每个人都会经历出生、成长、衰老、死亡的过程，每一个人衰老了就会这样。然然接着问，那再然后呢？母亲不假思索地就告诉她："然后又会变成小毛娃，然后，再长大。"母亲原以为然然对死亡这个话题已基本释然，不想然然开口就说到："妈妈，我不想变老，不想死亡。如果死了再变成小毛娃，那你就不认识我了，可怎么办呀？"听完这句，母亲愣了一下，忍着眼眶里的泪水跟然然说："如果你再当回小毛娃，还会叫然然，我还是妈妈，我们还是一家人。"

这位母亲用一个美丽的故事把死亡搪塞过去了，也因为女儿对她难以割舍的爱而让她感动得落泪了。但她却始终没有向孩子解释清楚，到底什么是死亡。

很多孩子对死亡这个话题都很感兴趣，，也对这一话题有说不出的担心和恐惧。很多孩子经历过诸如亲人过世、宠物死亡等各种生命无法延续的情形。在这样的情况下，孩子一定会歪着脑袋问，"妈妈，人为什么都要死？""人死了会变成什么？""人死了，真的会有灵魂存在吗？""妈妈，人死后，都会变成鬼吗？"

在中国的传统观念中，从来都是很忌讳"死亡"这个话题，父母很少或基本不与孩子谈论这个话题，有的父母甚至谈"死"色变。倘若孩子真的对这个问题刨根问底，很多父母都会选择用一个美丽的故事搪塞过去，一如然然的母亲。还有一些父母是这样向孩子解释出生和死亡的：你是从家后面的那座山里蹦出来的，就跟孙悟空一样，阎王爷在生死簿上划掉了你的名字，你是不会死的。可是有时候对孩子说这样的话就会惹下祸端，因为大人既然说了自己不会死，有的孩子就想去验证一下。有个孩子仗着自己"不会死"，爬上了院子后面那棵最大的樱桃树，从树上跳下，狠狠地跌了个"狗吃屎"，至今脸部仍有印迹。

父母迂回婉转的态度，给死亡蒙上了一层神秘的面纱，也迫使孩子从其他渠道了解何为死亡。面对孩子关于"死亡"的提问，父母应该采取何种良策，给孩子理智科学的"死亡教育"呢？

1. 让孩子明白，生老病死是生命历程中自然的一环

就像美丽的鲜花在春天是自由地生长，在夏天里热情地绽放，在秋天里渐渐凋谢。孩子也像这些花儿一样，在爸爸妈妈无限盼望下降临人间，在爸爸妈妈的百般呵护下长大，然后慢慢老去，最终走向人生的尽头直到死去。

2. 告诉孩子生命是宝贵的

不妨在孩子生日的时候送本《钢铁是怎样炼成的》给孩子，并告诉孩子：人的生命只有一次，让孩子热爱生命，学会珍惜生命。生命是最珍贵的，生命仅只一次。如果说做错一件事情，可以及时补救让一切就像没发生一样；如果一桩生意谈砸了，可以从头再来。但是，当一个人的生命结束了，那意味着什么呢？意味着，一切都结束了，再没有重来的机会了。每个人的生命都是父母所给予的，人活着不仅仅是为了自己，而是为了那些爱我们的人们，所以任何人都无权随意挥霍自己的生命。

3. 让孩子懂得生命是一种责任

相信很多人都看过美国经典战争电影《拯救大兵瑞恩》。故事讲的是诺曼底登陆时期，瑞恩家的 4 名儿子同时在前线参战，除了小儿子詹姆斯·瑞恩仍下落不明外，其余 3 个儿子皆在两周内陆续战死沙场。美国陆军参谋长马歇尔知道此事后，下了一道特令，组织了一支小分队，命令这支小分队在危机重重、枪林弹雨的战场中找出生死未卜的二等兵詹姆斯·瑞恩，并将其平安送回家里，让这个家庭有存活下去的希望。

对于还没有来得及经历过生离死别的孩子来说，他们或许很难真正理解生命的责任，但是一个生命的消失，会给家人、给朋友带来永远的痛苦。从小就应该

让孩子知道，没有人能随意放弃自己的生命，也没有人可以随意将生命做出无谓的牺牲。

4 生命是一种善良与尊重

德国是一个以制造精良武器闻名的国家，可德国人却并不赞成开发带有"暴力"色彩的高科技玩具，更加不支持男孩子与玩具枪、炮、坦克为伴。因为德国人认为小时候经常用玩具"模拟杀人"，长大后很难确保其是否成为和平人士。

美国为了拯救 8 只蜜峰而花费了近 400 万美元，体现了他们对于生命的尊重。在美国的圣博那丁诺县，生活着一种令人称奇的"采花苍蝇"，它身长大约一英寸，喜欢像蜜蜂一样停留在鲜花上。这种"采花苍蝇"目前仅存 8 只，是一种濒临灭绝的珍稀动物。当地要修建一所大医院，为了不破坏"采花苍蝇"的家园，联邦政府要求拆除医院西厢，原因是医院西厢可能破坏"采花苍蝇"的生态环境，而拆除西厢重建则需多花 400 万美元。当地政府为了减少建设费用，反对拆除医院西厢，并把官司打到了联邦政府内政部，但得到的答案是，为了不使"采花苍蝇"灭绝，花再多的钱也值得。

由上述两个例子我们可以看出，善良是进步的标志，更需要从小培养孩子这种优良的品质。而对生命的尊重则是培养这种优良品质的前提，它不仅包括对人本身生命的尊重，也包括大自然的一切生物，有时候甚至不惜代价。

请父母将对生命的珍重从还原真相开始，给孩子温情的死亡教育，让孩子了解死亡，珍爱生命。

法则 12　赠人玫瑰，手有余香

★ ★ ★ ★ ★

"赠人玫瑰，手有余香"是一句印度的古谚语，原句为：赠人玫瑰之手，经久犹有余香。这句话的意思是，在付出、给予别人帮助的同时，自己也会收获同样的快乐。在给予他人以甘露的同时，自己的生命也被回馈的花瓣点缀得绚烂无比。给予也是一种美，给予他人，恩泽自己。

有这样一个故事：

战争年代，一支部队奉命夺取敌人的高地。在枪林弹雨中，一架敌机飞速俯冲下来。正当队长准备卧倒时，无意中瞥见一位小战士还呆呆地站着，压根儿没把敌机的轰鸣声放在眼里。队长不顾一切地冲了过去，把小战士压在身下。轰隆一声巨响，队长站起来拍拍身上的泥土。正当他想责骂小战士的时候，回头一看：惊出了一身冷汗。原来，刚才队长所处的那个位置被炸成了一个大坑。

小战士是幸运的，他遇到了这么一个充满责任感与爱心的队长，而更幸运的则是队长，他在挽救小战士的同时，也挽救了自己的生命。真诚帮助他人的善心，让队长收获了生命的这枚善果。

有时候，一个发自内心的小小的善行，就会铸成大爱的人生舞台。生活中常有这样的情况，方便了别人的同时也会给自己带来方便。父母在生活中应该让孩子知道"赠人玫瑰，手有余香"这个道理，让孩子试着去帮助、去关心周围的人，这样，孩子会收获更多。

有一位医生半夜赶急诊，去抢救一名儿童。到了半路的时候，却被一条深沟挡住去路，于是他向路边一位推土机的司机去求助。司机爽快地帮他填平了深沟，医生获得了宝贵的时间，那名儿童得救了。在回去的路上，医生向推土机司机表示谢意，不想推土机司机却对他说："您不知道那是我的孩子啊！"

当我们为他人赠送玫瑰的时候，我们的手里一定会遗留着玫瑰的芬芳；当我们为别人点亮蜡烛的时候，也照亮了我们的路途；并非只是前人栽树后人乘凉，一颗真善美的种子落地，播种的人总会在秋天的阳光里品尝到甜美的果实滋味。

让孩子去为后花园的玫瑰花浇浇水、锄锄草，等到玫瑰花绽放的季节，剪一两枝玫瑰花插在屋里，会有满室的清香。让孩子把过时的，出场率低的衣服和玩具打包好，捐到扶贫站，让孩子学会给予即快乐。让孩子晚上归家的时候，打开走廊里所有的灯，告诉孩子，把这些灯光留给比你更晚归的人，这样，在他们归家的时候，就不会因为找不到钥匙而着急，就不会因为找不到锁孔而弄出大声响，也不会影响我们的睡眠。

有一位盲人，晚出归家，总是会扶着扶手，摸索着打开楼梯间里所有的灯，有人见了，就问他，你眼睛都看不见，为什么还要开灯呢？盲人告诉他，我虽然看不见，可是我打开所有的灯，会为晚上回来的人照明，不会因为看不见路，而撞到我。

"予人玫瑰的手上，常有一缕芳香，就像香水倒在别人的身上，自己无法不沾染上一些。"我们在付出的同时，也帮助了自己。

鼓励孩子积极参加志愿者活动，去帮助那些需要帮助的人。周末，可以让孩子去敬老院与老人们一起过周末。可以去帮助老人们洗洗衣服、洗洗被子；可以帮老人们修整一下院子，总之尽量去为老人们做一些力所能及的事情。也许孩子所付出的只是时间和精力，可是老人们给孩子的，可能是一生都难以寻求的经验与感悟。

助人，就像是一缕春风，给别人送去温暖的同时，也催开了自己的新绿；助人，就像是一场春雨，给别人送去勃勃生机的同时，也涤荡了自己的心灵；助人，更像是一汪清泉，给干涸的沙漠送来希望的同时，也滋养了自己的绿洲。

大自然是一个慈爱的使者，它让生者顽强生，让死者继续生。万事万物有始亦有终。当生命终结的时候，并不代表着一切都随之消失，大自然以另一种方式让逝者得到生的延续。比如腐败的枝叶，落在高大的乔木下，变成了肥沃的养料，滋养着成千上万的草木……

曾有一个伤心欲绝的母亲，因为16岁的女儿坠楼身亡而多次想要结束自己的生命，但到了最后关头，都被善良的人们从鬼门关拉了回来。

在她第三次割腕自杀获救后，她看到了女儿的捐赠书。女儿在一次学校举行的捐赠知识讲座的时候，捐赠了她的眼角膜。母亲停下绝望的悲伤，打算完成女儿的遗愿后便追随女儿而去。

当那个接受女儿眼角膜的小女孩解下缠住眼睛的纱布的那一刻，那个伤心欲绝的母亲看着小女孩亮晶晶的眼睛，仿佛看到了自己曾经笑靥如花的女儿，母亲一下子豁然开朗，原来自己的女儿并没有走，她就在这双亮晶晶的眼睛里。此后，那个母亲以最积极的态度开始面对生活。那位母亲的女儿用眼角膜延续了心脏的跳动，延续了生命，也给悲恸欲绝的母亲带来了无限的生的希望。

告诉孩子，生活是一面镜子，你对它笑，它回报你以笑。播下一粒真善美的种子，你收获的将是堪比玫瑰花香一样的灵魂。

法则 13 宽容是一种艺术

★ ★ ★ ★ ★

澳大利亚专业演讲家安德鲁·马修斯在《宽容之心》一书中说过这样一句启人心智的话："一只脚踩扁了紫罗兰，紫罗兰却把香味留在那脚跟上，这就是宽容。"一个懂得宽容的人，他一定拥有更加广阔的天空；一个懂得宽容的人，他一定拥有更加充实的精神；一个懂得宽容的人，他一定拥有更加纯洁的心灵；一个懂得宽容的人，他一定拥有最为美丽的灵魂。

有一位哲人曾说过：天空收容每一片云彩，不论其美丑，故天空广阔无比；高山收容每一块岩石，不论其大小，故高山雄伟壮观；大海收容每一朵浪花，不论其清浊，故大海浩瀚无比。宽容是一门伟大的人生艺术，宽容让人无私无畏、无拘无束、无尘无染。

责备别人或许能够使人心中一时痛快，但宽容却能让人一生坦然，也很可能使被宽容的人一生都不会忘记这个温馨的片段。学会理解，能让一切的不愉快都释然；学会宽容，会让人一生记住你的温暖。作为父母，不仅要对孩子宽容，还要教孩子学会宽容别人。

中国有句古话，叫做"人非圣贤，孰能无过？"一个心智成熟的大人都会犯错，更何况自律性差的孩子。父母在生活中，应该蹲下身子，用孩子的眼光来看他们，适当宽容孩子的小缺点、小错误。比如，孩子因为审错题而没有考出好成绩；孩子在帮忙做家务时，摔坏了盘子等等。宽容，能让孩子与父母之间的感情更加深厚。父母应该给自己预备两面镜子，在看待孩子的优点时，用放大镜，而看待孩子缺点时，请用缩小镜。

富兰克林如是说："宽容中包含着人生的大道至理，没有宽容的生活，如在刀锋上行走。孩子，如果美德可以选择，请先把宽容挑选出来吧！"在父母学会宽容的同时，让你的孩子也学会这门伟大的艺术。

教会孩子善待他人

让孩子明白，善待他人，就是善待自己。父母可以用一个流传很广的故事教育孩子：

在19世纪中叶一个寒冷的冬天，有一个孩子流浪到了美国南加洲的沃尔森小镇，在饥寒交加的时候，善良的杰克逊镇长收留了他。

冬季的小镇雨雪霏霏，杰克逊家花园旁的那条小路也是泥泞不堪，行人纷纷改道穿过花园，弄得花园里一片狼藉。那个被镇长收留下的孩子不忍看到这些，于是冒着雨雪看护花园，要求行人仍从那条泥泞的小路上走过。而镇长却挑来了一担炉渣，将那条小路垫平，行人就不再从花园中穿行了。镇长对孩子说："善待别人不就是善待自己吗！"

"善待别人不就是善待自己吗！"虽然只是一句普普通通的话，却让这个孩子的心灵受到很大震撼和启迪。他就此悟出：善待别人虽然也需要付出，但同样能得到收获。镇长的一句话，成为这个少年终生受益的巨大财富，他就是后来的石油大王哈默。

用故事启发孩子，让他懂得善待他人，就是善待自己，对他人多一份理解和宽容，其实就是支持和帮助自己。

让孩子换位思考

著名的教育家陶行知在育才学校当校长时发生了这样一个故事。

有一天，陶行知看见一个男孩子用泥巴砸身边的同学。陶行知制止了他，并让他放学后到校长室。陶行知一连奖给了那个男孩子三颗糖果，第一颗是因为男孩子放学后早早地来到了校长室，而陶行知自己却迟到了，这一颗奖励男孩子守时；第二颗是奖励男孩子听到陶行知的话后，立即就住手了，说明男孩子很尊重长辈，所以值得奖励；男孩子之所以用泥块砸那些男生，定是因为那些男生欺负女生，说明男孩子很正直善良，有与坏人作斗争的勇气，理当获得第三颗糖果的奖励。

当孩子收到第三颗糖果的时候，感动地对陶行知说："校长，我砸的不是坏人，而是自己的同学！"这个时候，陶行知又掏出一颗糖果递给这个小男孩，并对他说："你能正确地认识自己的错误，这颗糖果也应该奖励给你，那现在我已经没有糖果了，你也可以回去了。"

陶行知的教育方式让小男孩知道也让大家知道，无论在什么时候、什么情况下，都要换个角度思考问题。

因此，父母在教育孩子时，要时刻反思自己。父母可以多站在孩子的角度想问题，比如可以多问自己这样的问题：如果我处在这样的情况下，我会怎么想？如果我遇到这个问题，我会怎么做？如果我是他，那么我现在应该怎么做？只有父母能够为他人着想，孩子也才会渐渐学会换位思考，并懂得他人的难处，懂得体谅别人的过失，才能让孩子多拥有一分理解和宽容。

有人说比海洋更宽广的是天空，比天空更宽广的是人的心胸。请父母在春天里为自己也为孩子栽种一个美丽的果园，撒上宽容的种子，等待秋天里丰厚的收获。

法则 14　给孩子真正的爱

★　★　★　★　★

阿基里斯是古希腊神话里的一位英雄，他是女神忒提斯和凡人英雄珀琉斯所生。他是参加特洛伊战争的唯一一个半人半神的人，也是特洛伊战争中最伟大的英雄。他一出生，他的母亲海洋女神忒提斯为了能让他成为神，就握住他的右脚后跟把他倒浸在冥河水中。阿基里斯被冥河水浸泡过的身体变得刀枪不入，近乎于神，可那只被母亲握住的脚后跟由于浸不到冥河水，成为阿基里斯全身唯一的弱点。阿基里斯后来被太阳神阿波罗暗箭射中脚后跟而死。这就是著名的"阿基里斯之踵"的故事。

阿基里斯被母亲用爱握住的脚后跟，成了他最脆弱的地方，也是唯一致命的地方。在爱的世界里，握得最紧的，最不肯放手的地方，往往是被爱伤得最深的地方。

还有一个天鹅湖的故事：

在一个叫做天鹅湖的小岛上，住着一位老渔翁和他的妻子。老渔翁捕鱼为生，妻子则在家里养鸡喂鸭，生活就这么平静而幸福地过着。

有一年秋天，一群天鹅因冬天来临要迁徙到南方过冬而路经小岛。这些天鹅的拜访让多年来一直孤单的老渔翁和妻子十分高兴，妻子拿出喂鸡喂鸭的饲料，丈夫拿出打来的小鱼招待天鹅。渐渐地，天鹅和渔翁夫妇成为了好朋友。

白天老渔翁打鱼的时候，天鹅就在身边嬉戏随行，晚上就与渔翁夫妇共同栖息在小岛上。寒冷的冬天来临了，老渔翁为天鹅们提供温暖的茅草房。在湖面冰冻，天鹅们不能觅食的时候，提供足够多的食物。天鹅因为富足的食物和老渔翁提供的温暖的处所而留了下来。这样的关爱一直持续到万物复苏的春天，天鹅又可以自己觅食了。日复一日，年复一年，每年的冬天，渔翁夫妇都会为天鹅无私地奉献着爱心——温暖的茅草房，足够多的食物。渐渐地，天鹅在小岛繁衍生息下来。

直到有一年，老渔翁和妻子已经很老了，他们不得不离开了小岛。而天鹅们也从此消失了，只不过，它们并不是飞向了温暖的南方，而是冻死在了冰冻的湖面上。这些天鹅因为渔翁和妻子不可复加的爱心而甘于享受安逸的生活，失去了自力更生的能力，当爱心远离的时候，它们只能面临死亡。

天鹅湖的故事意在告诫父母，爱的力量是无法估量的，但缺少理智与教育的爱，不是真正的爱，而是一种"害"。给孩子有理智有分寸的爱，才是真正的爱。

父母别做个"包买办"

上学送，放学接，肩上挎着孩子的书包，左手牵着孩子，右手拎着孩子的水壶，有些父母甚至还把七八岁的孩子抱在怀里。上学帮孩子准备书包，放学了还帮孩子整理书包，孩子的语文作业本忘带了，老师一问起，孩子脱口而出：就怪我妈忘了给我带了……

孩子不会系鞋带，父母就不买有鞋带的鞋；孩子不想吃青菜，家里的饭桌上，就再也见不着青菜了。父母成天围着孩子转，把孩子捧在手心里，吃饭怕噎着，走路怕摔着，喝水怕呛着，只要能博得孩子一笑，就差把天上的星星摘下来了。

别无条件、无限制地满足孩子

孩子想吃大闸蟹，买！想要最新款的阿迪达斯羽绒服，买！这样做无可厚非的，做父母的当年吃不饱穿不暖，是应该让孩子衣食不缺。可是笔者觉得，价格便宜一些的浅水虾，一样是虾；不是阿迪达斯的羽绒服也一样保暖。无条件、无限制地满足孩子，让孩子轻易得到了所有，这样会让孩子养成不懂得珍惜、不会节约的习惯，也学不会只有付出才会收获的道理，只会讲究物质享受。这样做甚至会催生孩子的虚荣心，让孩子与他人攀比物质条件，这对孩子的成长很不利。

别让父母无微不至的爱心，让孩子丧失了锻炼的机会，并失去最起码的自理能力。父母无法跟随孩子一生一世，孩子的路要让他自己去探索、自己去走。摔倒了，让孩子自己站起来，告诉孩子，爸爸妈妈可以扶你一时，却不能扶你一世。

请各位父母学习鹰妈妈，在小鹰已长出双翼的时候，狠心地将小鹰赶出鸟窝，让它自己去学习飞翔。父母只有像鹰妈妈那样，让孩子得到磨炼，才能在竞争白热化的社会中生存下去，才能在浩瀚的蓝天下自由飞翔。

法则 15 乐观是点亮生活的灯

★ ★ ★ ★ ★

在两个人面前，各放上半块面包，一个人看了以后，心想："我还有半块面包。"另一个人看了后，心想："我只有半块面包了。"这就是乐观与悲观的区别。乐观是一种积极的性格，拥有这种性格的人无论身处什么情况，都会保持良好的心态，相信不好的事情总会过去，相信阳光总会再来。伟人邓小平就是个心胸乐观的人。在邓小平80岁高龄的时候，联邦德国总理科尔向他请教长寿的秘诀，邓小平笑笑回答道，天塌下来我也不怕，有大个的顶着呢。

拥有这种性格的人能在事情变得糟糕的时候，迅速做出反应，找出解决问题的办法以确定新的生活方案。乐观不仅是心胸豁达的体现，也是生理健康的法宝。

在科学研究中发现，很多老年人在丧偶后的半年里，死亡率要比同龄人高上6倍，悲伤与绝望能让人提前走向死亡。悲观与绝望会导致人体新陈代谢功能的失调，如会导致心律不齐、血压忽高忽低、消化系统紊乱等，还会破坏内分泌系统，降低免疫力。乐观积极的心态会让人忽略痛苦，通常乐观主义者会用比常人多一倍的毅力来与病魔对抗，更有可能长寿，也会在生活中获取到双倍的快乐。

因此，让孩子拥有乐观的性格，不仅对孩子的身体健康有益，还会让孩子在成长道路上获取更多的欢乐。想让孩子乐观，父母自己就要乐观。作为父母，一定要懂得生活就像一面镜子，你给予它微笑，它也会报以你和煦的春风；在生活中，你的每一个快乐的表情、每一个微笑的瞬间、每一句诙谐的语言都会像一场春风，带给别人欢笑，驱赶别人心中的落寞，温暖着别人的心；在生活中，乐观主义者，就像是快乐生活的导航灯，他总是给别人带来希望与温暖。

作为父母，你应该让你的孩子每天都看到你的笑容，即便你在公司被领导责骂了；让孩子每天都听到你的笑声，即便你这个月的奖金因为完不成任务而被扣光了；让孩子听到你在说，不要紧，以后我们的生活会越来越好的，尽管你已经知道公司要裁员，而你就在名单首页……让孩子看见你的乐观，让孩子切身体验到你的乐观，让孩子以你为榜样，认识乐观，学习乐观。

在日常生活中，父母可以通过一些小事件来培养孩子的乐观性格。当孩子语文考试不合格的时候，温柔地告诉孩子："不要紧，宝贝，语文可是我们的母语啊，你看，你的外语都考得那么棒，更何况是我们天天都说的汉语呢，是吧？我想，你这次考不好，一定是其他方面的原因，比如说，你考试的时候是不是紧张怯场了？还是因为心思不在考试上？是因为没有复习好？还是因为没有审清题意？你看，考不好，总有它的原因，可爸爸相信，你下次一定会考好的。因为，我们家儿子，总是最棒的。"

在你的鼓励下，孩子踊跃地参加了学校举行的朗诵比赛。可是孩子抽到的话题，却是生僻的，不好让人理解的。好不容易找到了一篇范文，却被那些生僻难懂的词汇弄傻了眼，就连通篇朗读都成了问题，更别提要声情并茂地诵读了。所以，孩子的兴奋劲一泻千里。取而代之的，就是没有尽头、没有理由地埋怨与自怜。唉，我的运气怎么那么背哦，别的同学，都抽到那么容易的话题，而我抽的话题，我自己都很难理解。那么多的生僻疑难词汇，都远远超纲了。别说得名次了，我肯定一上场就掉链子的，好丢人……

这个时候，父母应该先让孩子冷静下来，然后与他一起把范文中的疑难词汇找出来，一一理解透彻，与孩子一起积极备战。与孩子一起努力，给孩子胜利的信心，天道酬勤，告诉孩子上天总是偏爱那些有所准备的人。在这些努力下，孩子登上了比赛台，也许他没有夺得第一名，可是，你要告诉他，你看，你多棒，那么难的文章竟然能够那么流畅地、声情并茂地朗读出来，可见，你与以前相比，已经有了很大的进步了。

通过这些方法，让孩子学会乐观。让孩子保持微笑，微笑不仅有利于身体健康，还是职场上竞技的最有力武器；让孩子学会幽默，拥有幽默感的人，能在生活中妥当处理令人不快的诸多事情；学会忘记生活中那些不愉快的经历和事情，用积极乐观的心态去对待每一天的生活，快乐而充实地度过每一天；参加积极有益的文体活动，积极与他人合作，学会与他人团结协作，在平凡的生活中创造不平凡的成绩。让孩子学会知足常乐，告诉孩子并不是要拥有全世界的玫瑰，人才会快乐。其实，一朵玫瑰的清香，已经足够让人陶醉了。让孩子把"海纳百川，有容乃大"当做自己的座右铭，时刻保持乐观豁达的心态。

法则 16　用热情拥抱世界

★　★　★　★　★

有人说，生活是一首歌，有高潮有低潮；生活是一首诗，有断章，有续诗；生活是一部电影，在别人的舞台上唱着自己的戏；生活是一种历练，是苦难与磨难的结合。

有人认为生活是快乐的，让人欢欣鼓舞；有人认为生活是苦涩的，让人垂死挣扎……可笔者要告诉大家，生活是一张空白的纸，你在上面绘制什么颜色，它就会呈现什么颜色，你把热情挥洒上去，那么生活所回报给你的，就是一片绚烂；反之，则不然。生活需要热情，请各位父母与孩子一起学会用热情拥抱世界。

英国前首相狄斯雷认为：一个人想成为伟人，唯一的途径就是——做任何事情都要具有热情！被美国总统林肯称为"美国孔子"的伟大思想家爱默生说过：伟大的事情，没有一件可以没有热情而能成就。

热情，是一种强烈的情感，它可以熔化一切，创造奇迹。有了热情，可以让平静的水沸腾；有了热情，可以让竹炭发光。水沸腾了，转动了机器，于是有了蒸汽机；竹炭沸腾了，点了光明，于是有了电灯。科学家瓦特热情了，蒸汽机就横空出世了；爱迪生对生活充满热情，电灯就诞生于人间了。每次的成功都离不开热情，缺乏热情，就像是没有了燃料的汽车，无力前进。因此，一个人要想获得成功就要沸腾自己的血液，迸发出无尽的热情。

热情就好像空中悬挂的太阳，既温暖了自己，也普照了他人。拥有热情，会让一个人的精神倍增，保持积极进取的状态；会充分释放自己的潜能，发挥最大的能量，做到那些原本做不到的事。

在当时世人眼里，画家凡·高有一半生活在想象的天地里，就像一个疯子，可就是这个疯子成为了世界美术史上的巨人。凡·高对大自然、对绘画都拥着无与伦比的热情，他在"面对自然的时候，画画的欲望就会油然而生"。在凡·高的眼里，在阳光的照耀下，世界所焕发的是美丽的、颤动的色彩，天地万物迸发的是生命激情，让他战栗不已。他将对大自然的热情和感悟不顾一切地投入到绘画中，直至挤尽每一支铅管里的油彩。

所以，让孩子用尽可能多的热情去拥抱世界吧！让他的热情融化冰山一样的荆棘，让他的热情横扫污黑泥泞的沼泽。

告诉孩子，不管所处的环境是多么的恶劣，也不管肩上的担子多么的沉重，你绝对有能力扭转，所做过的美梦必有成真的一天。只要你凡事都饱含激情地去做，释放出你深藏的能力来，这股力量像一场飓风，它能创造奇迹。

告诉孩子，做事愈投入，事情就愈显得容易。在某件事上你所投入的愈强烈，事情的可行性就变得愈大，信心也就会跟着增加。同样一件事，在饱含激情的人眼里和没有热情的人眼里是截然不同的两件事，前者看到的是机会，后者看到的则是困难与障碍。当热情成为你的左膀右臂，生活中所有的困难与障碍就像田径赛场上的栏杆，等待着被你征服。

告诉孩子，对生活充满热情，用热情拥抱世界，会增加你思考的深度和想象的张弛度；会让你所做的事情变得极富吸引力，不再枯燥无味；会让周围的人都感染你的热忱；会让你变得乐观、自信、宽容；会让你变成一个充满魅力的人。

告诉孩子，你付出的热情越多，你得到的就越多，迸发出了热情，也就拥抱住了成功。

第三章

生存哲学：
给孩子模爬滚打的空间

在孩子的成长中，父母以爱为名，不放手、不放心，对孩子过多的干涉实际是对孩子不信任、不尊重的表现。孩子不是父母想象中那么脆弱，不是易溶的糖和易碎的玻璃，给他多一些空间和机会，他会做得更成功。

法则 17　自立者刚，培养孩子的独立生存能力

★ ★ ★ ★ ★

一位中国的学者在美国探亲期间，遇到了一件让人称奇的事情。

一天，学者正在家里看报，听到敲门声。他开门见到一个八九岁和一个五六岁大的女孩。那个稍大一点的女孩对他说："您好，先生，我是来求职的。"

学者一会儿才反应过来说："哦，可是你那么小，能做点什么呢？"

小女孩认真地回答："我已经9岁了，你看，这是我的工作记录单。我已经工作14个月了，我可以帮您照看孩子，可以帮他学习功课，还可以陪他玩游戏。"见学者不为所动，小女孩继续解释说："您可以试用我一个月，不开工钱。只要您在我的工作记录单上签个字就可以，它将有助于我将来找工作。"学者一看旁边那个没说话的小女孩："哦，那你身边的这个小女孩呢？你要照顾她吗？"小女孩回答道："她是我妹妹，也是来找工作。她可以用小推车推您的孩子去散步，她的工作是免费的。"

这个故事让笔者的内心十分震撼。看看现在的孩子八九岁的时候，都在做些什么呢？为了让父母买自己喜欢的玩具而在人来人往的大街上号啕大哭；为了去最爱给他零花钱的奶奶家而和父母冷战；脱下踢足球弄脏的鞋子让父母清洗；吃完饭一甩碗就去玩游戏……

孩子终究会长大，会步入社会，会成为社会一分子。想让孩子在社会上表现优异，取得不俗的成绩，那么，让孩子拥有一个独立自主的健康人格，是必不可少的。

孩子从小学会独立生存的技能，对自己今后的日常生活、学习以及未来事业的成功和家庭生活的幸福都会产生深远的影响。"自立者刚"，父母应该从小培养孩子独立生存的能力，让孩子能更好地在社会上自立、自强。父母要让孩子在实际生活中经过锤炼，学会独立生存，让孩子拥有一个独立健全的人格。

然而，如何让孩子从小就养成独立生存的技能，不靠父母就能够独立处理自己的日常生活？

1. 让孩子与你间隔一米的距离

父母应让孩子远离"饭来张口，衣来伸手"的安逸现状，要明白，孩子的人生最终还是要他自己去书写。有的父母想要在孩子洁白的人生理想的纸张上，写下钢琴家，可是孩子却用橡皮擦一点点抹去父母的字迹，歪歪扭扭地写上了小学教师。孩子的字迹不工整，可是强壮有力，足以盖过父母所有的字迹，他想让父母明白——你们写的都不算。

告诉孩子，天下之大，绝对没有人是你的敌手，因为你的敌人永远只有一个，那就是你自己，成也在你，败也在你。让孩子别整天眷恋父母温暖的胸膛，看看蓝天上自由翱翔的鹰隼，它们在离开了父母的怀抱后，才飞得更远更高。

请父母与孩子间隔一米的距离，然后，放手，让孩子去飞，孩子的天空才会更宽更蓝。

2. 让孩子"锄禾"

"锄禾日当午，汗滴禾下土。谁知盘中餐，粒粒皆辛苦。"很多孩子都知道这首诗，但很少有孩子能理解诗中的意义。下面这个案例是笔者的亲身经历，让当时还是小孩子的笔者深刻体会到了劳动的意义。

　　小时候吃饭我总是会"漏嘴"，米饭会一粒粒地掉在桌子上。母亲看见了就总是拿着筷子一粒粒地夹起我掉在桌上的米饭，并对父亲大声地说："浪费粮食是一种很可耻的行为。"父亲附和道："是啊，是啊，锄禾日当午，汗滴禾下土。谁知盘中餐，粒粒皆辛苦。"虽然大人说了很多次，我还是改不了"漏嘴"的坏习惯。

　　有一天，母亲就带着我到院子里，递给我一把稻谷说道："这就是你吃的大米饭的种子，你把它种在地里，等到它变成了大米饭，我们家再开始吃大米饭。"母亲留给我一把小铁锹，转身就走了。

　　对劳动的好奇让我没有注意到母亲的言外之意，而开心地种起稻谷来。打从那天起，家里真的没有再吃过白米饭。为此，弟弟和我打了几次架，说都是因为我吃饭"漏嘴"，害他天天吃玉米饭。种子才种下五天，我就禁不住对白米饭的想念，积极向母亲认错，保证以后吃饭再也不"漏嘴"了。可是母亲还是在三个月后，所种的稻谷长出谷粒的时候，让我和弟弟一颗颗摘下来，用石杵敲掉稻壳后，才开始让我们吃白米饭。从那时开始，我改掉了"漏嘴"的坏习惯，并且开始爱上了劳动。

　　其实，到长大后，我才知道，那是家里困难时期父亲和母亲想出来的一个方法。既让我们改掉了浪费粮食的坏习惯，也让我们知道了劳动的艰辛，并且爱上了劳动。

　　所以，给现今的父母一个建议，从小在孩子心里播下爱劳动的种子，这颗种子今后会长成一棵参天大树，让孩子受益终生，还能泽及周围的人。

3. 让孩子循序渐进，切忌揠苗助长

　　在培养孩子独立自主生活能力的时候，要循序渐进，切忌揠苗助长。比如，

学做饭时，可以给孩子一些简单的食材，先学会例如番茄炒鸡蛋之类的菜。别一开始就将难度系数设得很高，让孩子连门槛都跨不进，这只会挫伤孩子的自信心与积极性。先让孩子做些力所能及的事情，比如整理自己的房间、清洗自己的衣物……然后再慢慢增加工作的难度和复杂程度。

只要是孩子力所能及的事情，父母就要放手让孩子自己动手，在长时间的培养后，孩子会把事情做得很好。

4. 积极肯定孩子的每一个小进步和小成绩

哪怕是孩子完成了一件多么微不足道的小事，父母也要给予积极的鼓励，以激励孩子自己动手的兴趣。如孩子做好一道番茄炒蛋，父母一定要眉开眼笑地吃完，不能因为孩子把糖当盐而大声对他说："一点都不好吃！"让孩子保持兴致高昂的状态，继续投入自己动手的快乐中。

5. 让孩子学会说"我自己来"

最理想的状态就是让孩子把"我自己来"这句话当成口头禅。比如，孩子的储物柜凌乱而且布满灰土，别这样问孩子："妈妈想帮助你整理一下储物柜，可以吗？"这样，孩子顺口就会说可以。要有艺术地引导孩子，父母可以对孩子说："妈妈想帮助你整理一下储物柜，你是怎么想的呢？"孩子可能就会回答："那好吧，我和妈妈一起整理。"这样，就达到了让孩子自己动手的效果。

自立者刚，让孩子有一双强健的翅膀准备去飞翔。

法则 18　父母不能把所有问题都自己扛

★　★　★　★　★

中国有句古话叫做：严父出孝子，慈母多败儿。这句话在告诫父母教育孩子的时候，不能心太软，不要把所有的问题都自己扛，要让孩子懂得处理问题，懂得分担责任。可现今中国的现状却并非如此，很多孩子十几岁了，都没有自己洗过内衣和袜子；学校里分配的扫除任务，大多是父母代劳；很多孩子还没有学会整理自己的书包，更别说是房间了……

看看国外的父母是怎么教育自己孩子的。

一位母亲带着 2 岁多的儿子去探望朋友。儿子在朋友的花园里疯跑，母亲则在阳台上和朋友闲聊。朋友的丈夫担心她的儿子出事，就一直追着孩子跑，后来孩子爬上树了，朋友的丈夫没办法了就告诉这位母亲。可母亲眼皮都没抬一下说道："待会儿掉下来摔痛了，他以后就不会这么干了。"果然她的儿子从树上掉了下来，那位母亲也不理会，继续和朋友聊天。而她的儿子自己爬起来后，拍拍裤腿，又继续在花园里疯跑，只是再也不上树了。

这个孩子性格乐观开朗、勇于尝试、意志坚强，这与他母亲"狠心"的教育方式是分不开的。这位母亲还教给她朋友一些教育孩子的方法，比如她要求孩子整理玩具。每次买玩具回来，她都会把包装盒子保留起来，让孩子每次玩完玩具后把它放到盒子里。这样玩具就会保存得很好，等到孩子不再玩这个玩具的时候，就可以把它们放到网上拍卖。要是孩子在玩完玩具后不收拾，她就会把玩具扔掉，让孩子再也不能玩这个玩具。妈妈这样狠心的结果是，让孩子很懂得珍惜拥有的东西，还学会了爱护和保养。

笔者发现国外的妈妈教育孩子通常都很"硬心肠"，但这恰恰就是她们爱孩子的方式——大爱无痕。她们很少帮忙孩子分担责任，很少帮忙孩子解决问题。她们把孩子看做野外的小草，只有经历了酷暑和严寒，才能茁壮成长。而中国的父母把孩子看做温室里的花朵，不能经受风吹雨打。爱是阳光，严是风暴，仅仅是用爱灌溉出来的孩子，只享受过阳光和雨露，没有经过强风暴雨，永远不能成长为参天大树。

爱子之心，人人皆有，但父母的爱要爱得深沉，爱得高远。不能"心太软，把所有的问题都自己扛"，要硬起心肠，藏起心中一半的爱，让孩子自己去成长。

1. 父母要学会用鼓励取代"包办"

当孩子尝试自己倒果汁的时候，你是否因为已经预想到大半果汁倒在地上弄得一塌糊涂的情形而大声说："宝宝别动，妈妈来帮你。"你是否因为孩子尝试自己穿衣而把自己的小肚脐露在外面，对他说："妈妈来帮你穿。"

你是否因为孩子尝试做饭，而把电饭煲烧得黑了底时对孩子说："妈妈来做，你去看电视吧，一会就有饭吃了。"

那么在这样环境下成长的孩子将来即使考上了清华北大也会回来安静地待在父母身边，因为他有足够的理由待在父母身边。他无法自己换洗衣服，没有办法自己一个人去食堂吃饭，无法适应没有父母照顾的集体生活……一个没有生活自理能力的人，是不能够自己独立生活的，学习成绩再好也没有意义。

所以，当孩子做不好事情或者遇到难题时，父母应该做的是鼓励，而不是代替。父母无微不至地照顾孩子，宁愿自己受苦，不愿孩子受累，不让孩子受一点点委屈，不让孩子动手做一点点事情。父母的"包办教育"只能培养出"高分低能""四体不勤，五谷不分"的孩子，这样的孩子经受不住任何的困难与挫折，更别提对社会有什么贡献了。

2 让孩子"扛住"

孩子从学校认养了两棵小雏菊，周末带回家来护理。可是在给小雏菊浇水的时候发现小雏菊的叶子有点蔫了。孩子觉得可能是菊花生病了，就带着花盆想给懂花的爷爷看看。可是刚走到了半路，却因为路边的香蕉皮"盆碎人摔"了。这时候，孩子哭哭啼啼地打电话给父母，问应该怎么办？

孩子的父母并没有赶去帮助孩子解决问题，而是鼓励孩子自己想办法解决。

当父母下班回到家，发现孩子正在高高兴兴地给花浇水。孩子会开心地对你说："妈妈你看，这是我的新花盆。"这个时候，父母先放下你的疑惑和孩子一起分享喜悦，因为孩子将会为你解答一切的。

"妈妈，一开始我很害怕，不知道要怎么办。因为花盆碎了，老师会批评我，而且以后可能都不会让我领养花了。我本来想让爸爸去帮我买一个一模一样的花盆的，可是爸爸在开会，那我想自己去买，我又没有钱。我就想到了爷爷，我打电话给爷爷，希望爷爷可以帮我买个新的。爷爷就叫我把碎的花盆和花都带到他家里去，然后我和爷爷一起把花移栽到新花盆里。我看了爷爷在花园里弄了半天，我终于发现了，只要在新花盆里放些土，再把花重新栽一下就可以了。妈妈你看，这就是我的新花盆。爷爷还给了我一些花肥，说可以让小菊花开得更好。爷爷还夸我聪明呢，妈妈，你说我聪明吗？"

各位父母，或许只要你的一次小小的拒绝，你的孩子就会这么有条不紊地处理问题。所以，当问题来临的时候，让孩子自己"扛住"，孩子会给你意外的惊喜。

只给孩子二分之一的爱，很多事情让孩子自己扛，让孩子早日长出坚强独立的翅膀，让孩子在遇到困难的时候迎难而上，用自己的力量去解决，从中收获成功的快乐。

法则 19　让孩子的"免疫系统"多见世面

★ ★ ★ ★ ★

孩子的"免疫系统"包括两个方面，一个是生理方面的"免疫系统"，一个是心理方面的"免疫系统"。对于生理的"免疫系统"，很多父母追求实验室的无菌效果，把孩子养在无菌的环境，对于心理的"免疫系统"很多父母则追求梦幻效果，把孩子养在童话里。

在日常生活中，很多父母都在念"别字经"：别动！别摸！别玩！从孩子出生的那一刻开始，很多家庭就上演了一出出洗洗涮涮、蒸煮消毒的大工程。衣服天天洗，尿布时时换，奶瓶每吃完一顿都要在锅里煮一煮。如果孩子有点发烧感冒的更是变本加厉，父母会用各种方法给孩子的生活环境和使用物品消毒，力求使孩子生活在无菌的环境中。

可事实上每个人都生活在充满细菌的环境中，现已知会引起感冒的病毒有200 多种。从小到大，人体的防御系统就是在与无数细菌夜以继日的战斗中发育、成熟并不断壮大起来的。每个人都得过小病，每病一次，就能获得相应的抵御能力，逐渐成长为健康的体魄。

在大自然的生态法则中，每种生物都正常地存在于生物链上，如果人为去破坏大自然的规则，没有节制地使用消毒药水，会对周围的生活环境产生影响，导致病毒滋生。比如正常的菌群如果被消毒药水杀光了，那么对人体不利的菌群就会因为没有了天敌而开始快速繁殖，或者出现各种变异，一旦出现这种问题，对人类而言就是一场灾难。

相信大家都听说过"蝴蝶效应"这个故事，亚马逊河的一只蝴蝶扇动了翅膀，一个星期后得克萨斯州就会引起一场龙卷风。它警告人们，一些极微小的事情就有可能造成很严重的危机。所以，日常用具、家具等用清水擦洗就好，不要盲目追求无菌。

养孩子同样如此，长期生活在"无菌"环境中的孩子，一出门便会"迎风落泪""触雨发烧"……因为他身体的免疫系统根本就没有启动。在"无菌"环境中成长的孩子，一到自然环境中，就跟新生儿一样脆弱。

国外的研究表明，很多农场里成长的孩子要比城市里成长的孩子更少患病，身体更健康；养宠物家庭的孩子比没养宠物家庭的孩子更少患感冒、过敏等病症。

所以，想让孩子的身体更健康，父母要做的是：

第一，多开窗通风，让孩子勤洗手，这些就是最好的消毒措施。

第二，让孩子积极参与锻炼，建立强健的免疫系统。而对于孩子的心理免疫系统，很多父母也都小心翼翼地保护着。父母总是避免让孩子知道这个社会的阴暗面，告诉孩子现今的社会全都是阳光普照、明媚动人的，只跟孩子说社会美好的那一面。使得孩子生活在童话世界里，而对真实的社会没有任何的心理免疫。很多女孩子就像她最喜爱的 Hello Kitty 一样天真单纯可爱，认为整个社会都是粉红色的。很多男孩子都喜欢当大英雄，可他们却不知道只有"乱世"才能出英雄。

随着孩子一天天成长，孩子的好奇心越来越强，对什么事情都会感兴趣。面对信息如此丰富的社会，很多父母不是用引导的方式让孩子认识世界，而是用"堵"的方法将孩子与世界割裂开，禁止孩子上网，对孩子接触的书刊、影视作品、网络严格把关，对孩子交往伙伴、各种活动严格管理。很多父母以为只要让孩子远离黄、赌、毒，就可以培养出一个好孩子。

父母在教育孩子的时候，不应将阴暗的东西东藏西掩，而是引导孩子客观看待社会的阴暗面。好多家长会告诉孩子"千万不要和陌生入说话"。这样，容易从小就让孩子对人有一种不信任感，对社会有一种恐惧感，不利于孩子的成长。

因此，正确的做法是告诉孩子：人过一百，形形色色。人，有好人也有坏人。和陌生人说话不可怕，重要的是要学会识别陌生人的真正目的。对坏人，自然要充分运用自己的智慧加以辨别，而对好人则没有必要敬而远之。

让孩子在"有细菌但更有营养"的社会环境中成长，在合理的范畴内，让孩子多见见世面，这对孩子的心理和生理都很有帮助。这样孩子才能积累下宝贵的"免疫力"，对孩子的健康成长有百利而无一害。一个从小就在"无菌"环境中成长的孩子，一下子放到五彩缤纷的社会，相信父母断然不会放心的。

法则 20　做自己的事，花自己的钱

★ ★ ★ ★ ★

让孩子意识到自强自力的重要性，不妨和孩子分享下面这个小故事：

有一只小蜗牛，很讨厌自己身上的壳，总是觉得它又笨重又丑陋，就问妈妈："为什么我们生下来，就要背着这个又硬又重的壳呢？我一点也不喜欢它。"

蜗牛妈妈对它说："因为我们的身体全是软组织，没有骨头的支撑，只能爬着走，可是又爬不快，所以需要这个硬壳的保护。"

小蜗牛不服气地继续问妈妈："那蝴蝶姐姐也没有骨头，也爬得慢吞吞地，为什么她没有背那样一个又丑又笨的硬壳呢？"

蜗牛妈妈耐心地跟它说："因为姐姐将来会变成蝴蝶，天空会保护她呀。"

小蜗牛不死心地又问："那蚯蚓弟弟呢？它一根骨头也没有，爬得也没有我快，也不会变成漂亮的蝴蝶，为什么他也不用背着这个大壳呢？"

蜗牛妈妈抱起小蜗牛说道："因为蚯蚓弟弟会松土，大地会保护他啊。"

小蜗牛听后埋在蜗牛妈妈的怀里哭了起来："我们好可怜啊，天空不保护我们，大地也不保护我们。"

父母讲完故事后可以与孩子一起谈谈感受，让孩子能理解，自己就是自己最强大的后盾，靠自己的人，才是最有能力的人。

在美国，孩子从小就有打工挣零花钱的习惯，在冰天雪地的冬天，更是孩子打工的大好时候。一群十岁以下的孩子，个个手里拿着一把小铲子，随时准备要劳动的样子。然后，一位小女孩挨家挨户地敲门，问需不需要帮忙打扫车道积雪，如果需要了，一伙孩子就热火朝天地干起活来。他们还很有团队精神，由小女孩去接业务，男孩子则主要负责清扫。这样子，他们扫完一家接一家，一天下来，能有很不错的收入。

那么同年龄的中国孩子都做了些什么呢？在"包买办"的教育方式的家庭中，孩子是什么也不用做的。可是就是在这样优渥的条件下成长的孩子，一旦进入了社会，是很难适应社会快节奏的步伐的，这样就会导致诸多不良的后果，最极端的后果就是自杀。

在培养孩子的时候，父母应该采取什么样的方式，才能从小培养孩子自己养活自己，自己靠自己的观念呢？

1.培养孩子正确的金钱观念

循序渐进，分阶段地去培养孩子的金钱观念。孩子非常明白金钱的用途，但是要让孩子知道钱是怎么来的。

孩子五六岁时，父母应尝试着让孩子帮助家里做一些有偿家务。比如帮妈妈收拾碗筷、打扫卫生等，让孩子知道只有付出艰辛的劳动，才能获得劳动报酬。孩子六七岁的时候，父母可以让孩子有一个自己的储蓄罐，让孩子有"这是我自己的钱"的观念。同时孩子在父母的监护下可以用钱购买一些简单的小商品，比如玩具、零食、书本等等。

孩子八九岁的时候，父母可以让孩子自己支配钱，让孩子拿商品上的价格标签与自己口袋里的钱比较，然后判断自己有没有购买那些商品的能力。

孩子十多岁的时候，试着让孩子自己去工作挣零花钱。比如卖报纸、派发传单等，孩子亲身体验赚钱的辛苦，会促使其养成勤俭节约的好习惯。

2 让孩子热爱劳动

父母要培养孩子热爱劳动的好习惯，一个热爱劳动的人，一定是个热爱生活的人，且知道只有辛勤劳动才能获得报酬。父母在日常生活中要以身作则，自己积极参加劳动，手把手教孩子劳动技能。比如可以和孩子一起在阳台上种上各种各样的花，等到鲜花盛开的时刻，让孩子体会劳动的快乐；可以和孩子一起参加社区的大扫除。

父母在家里可以制订家庭责任制，分工合作，责任到人。比如排一个三人循环的值日表，如果因为临时有事而不能完成任务，则实行有偿代替制，不管是谁，一旦有人替你完成了任务，那么就可以获得报酬。

在孩子参与劳动的时候，不管结果如何，请给孩子最高的鼓励与赞美，最温和的指导与批评，以保持和激发孩子劳动的积极性。

3. 让孩子知道三百六十行，行行出状元

职业不分贵贱，三百六十行，行行出状元。孩子也许知道刘翔是"状元"，他身披国旗站在领奖台上，为国人争光，可也应该让孩子知道普通人也能成为状元。身为公共汽车售票员的李素丽就是当之无愧的公交系统"状元"。

李素丽十分热爱自己的本职工作，有着强烈的工作责任心。她不辞辛劳，为的就是让小小的车厢充满友爱、文明、互助，把温暖送到每一位乘客的心中，带给大家一份快乐与幸福。

一个人无论从事什么行业，即使在最平凡的岗位中，只要热爱这一行，用心去做，刻苦钻研，都能取得出色的成绩，成为行业中的状元！

4. 培养孩子的竞争意识

一个强而有力的竞争意识会让孩子更愿意"做自己的事，花自己的钱"。"股神"巴菲特说等他死后，他全部的钱都要捐出去而不留给子女一分一厘。其实这就是巴菲特在告诫孩子，要"做自己的事，花自己的钱"，别以为有一个富有的老爸就可以高枕无忧。财富总有用尽的一天，只有自己拥有赚钱的能力，才能养活自己。

法则 21　给孩子自己选择的机会

★ ★ ★ ★ ★

很多双胞胎妈妈喜欢将两个孩子打扮得一模一样，一样的发型，一样的服装，一样的饰品。把两个孩子打扮得像一个模子刻出来的，然后，骄傲地听周围的人

大声惊呼。

可妈妈忘记了，世界上没有一模一样的人，双胞胎也有各自的性格和喜好，千万不要替代孩子做决定、做选择。

有一位学者曾调查过中学生的自主性状况，结果让人瞠目结舌。被问到今后想从事什么职业时，很多孩子几经思索后得出一个答案，要问过父母才能回答；而在被问到如果学习和生活中遇到难题，一时解决不了，应该怎么办？几乎所有的孩子异口同声地回答道，有困难当然是找父母解决，居然没有一名孩子会回答自己先想办法解决，如果实在解决不了，再找父母或者朋友帮忙。这位学者在经过调查之后在报告中写道，现在的孩子缺乏自主性，在面对选择时自我意识模糊。

人的一生中面临着许多选择，每个人每天都在选择，选择用悲观或者乐观的心情来度过每一天，选择忙碌或悠闲地度过一天……也许许多选择无关紧要，可是有些选择却决定着人的一生。笔者常听到身边的人感叹，如果上天再给我一次机会，我一定会重新选择。孩子的生活经验与社会知识都严重不足，在自主选择的时候，出现偏差在所难免，但是父母并不能以此为缘由拒绝让孩子选择。教育专家说过"选择与责任是一对双胞胎"，人的责任感是在自我选择中形成的，一个人如果没有选择的权利，只有被选择权，那么也就不会承担什么责任。

父母应该在日常生活中多给孩子一些自主选择的权利，让孩子对自己的事做主，以培养孩子的责任心。比如，可以让孩子选择今天穿什么衣服；可以让孩子自己去买文具，而不是让父母做采购员；可以让孩子自己去上学，而不是父母管送包接……在孩子尝试自主选择的过程中，能培养孩子克服困难，战胜困难的顽强意志。在孩子一天天成长的过程中，父母要逐渐放手，给孩子独立自主的机会，培养孩子遇事冷静，处理事情果断、有主见的良好心理素质。

未来是属于孩子的，孩子的路要靠他们自己去走，未来的生活也要靠他们去自我创造，而未来社会是一个典型的能力社会，孩子的生存能力、创造能力、交际能力、适应能力、自我调节能力等能力直接定格孩子将来的发展。这些能力不是凭空而来，是在孩子成长的实践中一点点积累起来的，从孩子的日常生活、从孩子的交往实践、从孩子的学习实践中积累来的。所以父母要学会放手，让孩子做他们能做的、该做的、愿意做的事，让孩子用自己的意志选择或决定事情，让孩子有自我决定的机会，在决定事情的过程中，培养孩子的自主性。父母应该从这两方面入手。

1. 给予孩子充分的尊重，尊重是选择的大前提

尊重孩子的多种个性。也许你的孩子内敛、羞涩，也许你的孩子活泼开朗，也许你的孩子凡事都慢半拍，不管孩子是什么个性，请父母尊重他们的个性，尊重他们的心理发展，尊重他们的人格和权利。尊重能让孩子对自己充满自信，相信自己有能力做出各种正确的选择和判断。尊重就是父母不代替孩子做出各种决定，不会因为爸爸曾经的理想是飞行员，而让孩子一定要报考军校，也不会因为妈妈羡慕医生的职业，而让孩子从医。尊重是要父母相信孩子。

2. 给孩子十足的信任，信任是选择的翅膀

父母总是强调让孩子大胆表达自己，可是很多父母却忘记给孩子表达自己的机会。父母一旦给了孩子自主表达的机会，那么就会听到很多不一样的声音。比如周末吃完早饭后，你让孩子自己选择去哪里走走，结果孩子选择去逛公园。公园是你最不愿意让孩子去的地方了，因为现在正处于流感季节，周末的公园是人群聚集的地方，很容易让孩子患上感冒。这时的你，不能手足无措，更不能对孩

子说，公园不能去，换个地方，因为你这样做会让孩子觉得去哪里都无所谓，反正不是他能决定得了的。你可以换一种方式跟孩子说：公园我们下个星期再去怎么样，今天我们去图书城逛一逛好吗？爷爷一直想要一本养花的书，我们一起去帮他挑，好不好？父母这样征求意见，孩子会觉得自己被尊重，一般情况下都会接纳父母的建议。这样父母既达到了不让孩子去公园的目的，又没有让孩子有被安排的感觉。

给孩子自己做主的机会，并不代表着什么事都让孩子决定，什么事都顺从孩子的意思，更不是放任孩子。比如，想让孩子看书，可孩子一口否决了，父母别气馁，更别冒火。父母不可以控制孩子的选择，但可以引导孩子的选择，也许孩子现在正忙着思考今天下午要去哪里玩，所以，不想看书学习。那么父母可以让孩子选择什么时间来看书，这样孩子才会乐于接受父母的建议。

给孩子选择的机会，让孩子勇敢做自己，活出孩子自己的独特人生。

法则 22 让孩子"自食其果"

★ ★ ★ ★ ★

日常生活中，作为父母，你是否曾遇到过这样的情况，当你要求孩子应该更积极地参加课外兴趣小组时，他并不在乎你的建议；当你对他苦口婆心劝说时，他不听你的意见；当你热心想帮助他时，他却拒绝你的帮助……

如果孩子不理会你的提醒、不理会你的劝说，那么请父母"合理后退"，让孩子"自食其果"，这一方式不失为一个较好的教育方法。各位父母不妨学学故事中这位母亲的做法：

曼妮是个调皮的小姑娘，有一天，她向妈妈要求，要饲养一只猫做宠物。妈妈了解曼妮，她很清楚对于这件事曼妮只是三分钟热度。妈妈只好苦苦相劝：妈妈很不愿意你这么做，我想爸爸也不会喜欢的，照顾小动物是一件很麻烦的事情，妈妈不知道你能不能坚持到底。可曼妮还是坚持要养宠物，信誓旦旦地告诉妈妈，她会坚持到底的，并且承诺妈妈会负起照顾小花猫的责任。

当小花猫进门的第一天，小曼妮高兴坏了，几乎一整天的时间都是围绕着小猫。她特意拿自己的压岁钱给小猫买了一个竹篮小窝，还从奶奶那里拿来了碎布做衬垫，细心地铺在小窝底部，还把最喜欢的小瓷碗给小花猫当食盆。爸爸得意地对曼妮妈妈说，曼妮懂事了，现在都会照顾小动物了。把一切看在眼里的曼妮妈妈却从容地说，还只是开始，别开心得太早了，有得她烦的。

妈妈的话第二天就应验了。曼妮忘记给小花猫喂食就去上学了，到她放学回到家的时候，小猫饿得在屋里团团乱转。曼妮心疼地把小猫抱在怀里，边喂食边埋怨妈妈，为什么不给小猫喂食。

妈妈边盛饭边对曼妮说："你说过要全权照顾小猫的，我认为你会照顾得很好，所以没有太注意，很抱歉。"

曼妮听后，小声地对妈妈说："哦，妈妈，不要紧，是我做得不好，我没有照顾好它。"看着曼妮的样子，妈妈知道，情况正在朝糟糕的方向发展。

第三天，曼妮记得给小花猫喂食了才走。可当曼妮放学回家的时候，发现小花猫把便便拉得满客厅都是，不得不打扫起来。妈妈看得出曼妮是硬着头皮打扫的。打扫完后曼妮轻声地问妈妈："妈妈，你没有看见小猫的便便吗？"

妈妈没有放下手中的活，快速地回答曼妮："哦，我看见了，可是我实在太忙了，腾不出手来。"情况变得越来越糟，第四天、第五天，小花猫总会出现这样那样的问题。从一开始的到处便溺、到后来的在房间的各个角落撕咬物品，曼妮一天比一天更烦它，也一天比一天更不想照顾它了。

直到有一天，曼妮回到家后，发现最喜欢的玩具被小花猫咬得面目全非，终于冲着小花猫发火了，她追着小猫满房间乱跑，在与小猫追逐的过程中，曼妮摔了一跤，膝盖摔肿了。

在妈妈替她擦红药水的时候，曼妮对妈妈说："妈妈，对不起，当初应该听你的，不应该养小宠物。我连自己都照顾不好，怎么照顾它呢。"妈妈抚摸着曼妮说道："你已经做得很好了，相信有了这次经验，你以后能更好地照顾小动物。"

对父母而言，眼睁睁地看着孩子犯错，让他"自食其果"是一件很不容易的事。因为没有哪个父母不爱自己的孩子，都不希望孩子受伤害、不开心，而且父母有着丰富的人生阅历，对于许多事情的前因后果一目了然，要让父母在明明知道结果的情况下，不阻止孩子，让孩子独自去承担不好的后果。这对父母来说，是个不小的考验。

但是父母习惯于事事介入，想要充分地保护孩子，孩子就永远无法真正看清自己和周围的世界。这样教育出来的孩子通常会有两个极端，一种是成人后，喜欢处处与人争辩，不能客观地就事论事，也不会与他人坦诚协商，成为令人讨厌的"刺头"；另一种是成人后，处处依赖他人、依赖权威，既不在乎个人的成就感，也没有承担责任的胆量，是一个懦弱者。当然，有许多伤害更是父母无法代替孩子承担的，因为世事总有这样那样的意外。

父母无法替孩子承担所有的事情，只能眼睁睁看着孩子"自食其果"，并从中吸取教训。当孩子遭遇挫折和伤害的时候，父母要做的就是鼓励孩子，给孩子百倍的信心，去抚平伤害、去克服困难。

请父母适当放手，让孩子"自食其果"，而当孩子遭遇不可抗拒的伤害时，请与孩子一起分担，与孩子共同前进。

法则 23　摸爬滚打也讲方法

★ ★ ★ ★ ★

清朝有一个姓张的书生，满腹经纶，讲起道理来头头是道，可是让他去处理具体事务时，却显得迂腐而愚钝。一次偶然的机会，他得到了一本兵书，如获至宝，关上房门在家里埋头苦读，几天后，自认为已得兵书精髓。

有一天，一群土匪聚众闹事。书生认为自己能制伏这群土匪，于是便召集乡兵前去平乱。他按照兵书所写的内容排兵布阵，以为胜利在望，没想到初次交锋就被土匪击溃，自己还险些被土匪抓走。

后来，他又得到一部关于水利方面的书，苦心研读后，认为自己可以把荒山变成良田。于是，他让人按照他的图纸兴修水利，结果水四面八方流向村子，险些把村子都给淹了。

不能否认，这个张姓书生，是敢闯敢做的。可是他却缺少适应现实的能力与变通之道，最终与期望中的结果背道而驰。所以，父母在教育孩子的时候，在放手让孩子去闯、去摸爬滚打的时候，要给孩子一些方法。

1. 告诉孩子，山不过来，我过去

让孩子意识到适应和变通的重要性，父母可以跟孩子讲下面这个故事：

有个大师花了 30 年的时间，终于练就了一身"移山大法"。可很多人都不相信，于是大师向大家承诺，要亲自演示给众人看。

第二天大师来到了一个空旷的广场，广场的对面有一座高山，大师站在广场中央开始施展他的"移山大法"。大师口中念念有词："山过来，山过来！"可是大师从早晨一直施法到中午，大山依然与他遥遥相望。大师的嗓音都有些嘶哑了，可他还在坚持着，人群开始散开，人们渐渐地离去。

有的人终于忍不住了说："山并没有给移过来啊？"有些人更是直接说："大师是个骗子，山根本就没有动，更别说什么过来了！"大师充耳不闻，继续施展他的"移山大法"。

太阳渐渐偏西了，人群已散得所剩无几，只剩下几个人执著地等待着大师的"移山大法"。大师还是继续施法，他终于向众人询问："山过来了吗？"众人回答："没有啊！"

于是，大师慢慢地向山的方向开始移动着脚步，口中依然念念有词："山过来，山过来！"人们也跟着大师慢慢地向山的方向移动着脚步。终于在大师山过来，山过来"的声音中，来到了山脚下。

这时，大师向众人大声问道："山过来了吗？"

众人面面相觑。大师又接着说："我练习了 30 年的移山大法，山依旧不曾过来！那只能，山不过来，我过去！"

众人醍醐灌顶。

通过这个故事父母可以启发孩子：当情势有变化或者是受到条件制约而无法达到预期效果和目的的时候，就应当换个思路思考问题，及时根据实际情况做出变化，另辟新路，说不定就会柳暗花明，就能够取得出人意料的结果。

2. 教育孩子学会倾听

有这样一个小故事。一个小孙子问爷爷：为什么人有两只眼睛、两个耳朵，两只手，却只有一张嘴巴？爷爷告诉小孙子：这是让人要多看、多听、多做，少说话呀。

故事虽然不长，却形象而深刻地说明了"听"的重要性。

那么要如何帮助孩子学会倾听呢？

营造一个良好的倾听环境和氛围十分重要。父母与孩子交谈时尽量把周围噪声降至最低，把电视、收音机等音量调低或关掉，在一个不受外界环境干扰的环境中交流。当孩子有话说时，父母要认真、专注地听，并不要打断孩子，让孩子感受到父母的倾听。父母在聆听时，要看着孩子的眼睛，时刻关心孩子的表情变化。孩子会从父母的倾听中，学会倾听。

让孩子怀着一颗爱心，张开自己的耳朵，宽容和期待地倾听来自周围的声音，倾听不同意见，倾听是一种姿态，它让孩子能够与人为善，让孩子更能适应这个信息爆炸的新年代，让孩子更能在社会中以变通求生存。

3. 让孩子拥有自己的交际圈

一位成功学专家曾说过，所有成功的人之所以成功，是因为他的人际关系非常好。美国心理学家卡耐基也同样认为，一个人的成功 30% 靠才能，而 70% 靠人际关系。所以，父母应该从日常生活开始，扩大孩子的交际圈。

比如可以带领孩子或单独安排孩子去亲戚、朋友或邻居家串门、做客。使孩子尽量多结识一些朋友，包括小朋友与成人、老人等忘年朋友。让孩子在与不同人群的交往过程中学到更多知识，增加主动结交朋友的胆量，使孩子的性格变得更为开朗、活泼、大方、合群，并逐步养成文明礼貌、谦虚与尊重朋友的良好品德。

鼓励孩子多参加集体活动。可以带领孩子或单独安排孩子去旅游、探险、参加夏令营等，争取让孩子多了解周围的世界，多与他人交往，从中让孩子接触到尽可能多的陌生人，在观察世界时锻炼交际能力，同时开阔眼界，丰富自己的生活经验。

让孩子在与他人交往的过程中，逐渐理解和掌握各种道德行为规范与社会价值观念；让孩子从同学和朋友那里获取更多的新知识、新思想、新经验，学习他人的经验和智慧；学会客观地认识别人和评价自己。

父母在日常生活中多给孩子一些引导，为孩子将来在社会上"摸爬滚打"赢得更多的筹码。

法则 24　让孩子通过自卫赢得自尊

★ ★ ★ ★ ★

很多父母在培养孩子的时候，往往忽略了孩子自尊心的培养与教育，有些父母甚至不知道孩子的自尊心到底体现在什么方面。

相信许多父母都会在生活中遇到这样的情况。明天要去参加宴会，本来给儿子准备了一套整齐有型的小西装，希望儿子又帅又酷，可是关键时候儿子却抵死不愿穿，说要穿奥特曼，不让穿就不出门。

看着平时乖巧温顺的儿子突然这么倔犟，父母想破头也想不出来，到底是因为什么？其实，这就是孩子的自尊心在作祟。父母强迫他去做一些不愿意做的事情，让他心里不舒服，孩子就站出来捍卫自己的自尊。

幼儿时期是孩子心理成熟与自尊心发展的重要阶段。那些拥有自尊心的孩子总能感受到，身边的大人爱他、接受他，尽力为他营造着安全幸福的生活。而缺乏自尊心的孩子则认为自己是多余的，没有人疼爱，也不被人接受，这样的心理容易导致孩子产生负面情绪，这些消极情绪将影响孩子的一生，对孩子的一生造成不良影响。

作为父母，可以通过帮助孩子克服困难来培养孩子的自尊。下面提供一些方法给父母做参考：

1. 父母可以分担孩子的不满情绪，让孩子感觉无论多么糟糕的事情，爸爸妈妈始终与他站在同一条战线。

2. 让孩子尽情发泄心中的怒气。

3. 帮助孩子解决冲突，减轻压力。

4. 当孩子感到失望或遇到紧急情况时，让孩子知道父母会永远爱他，永远支持他，孩子才有勇气面对挫折和困难，孩子脆弱的自尊心会越来越坚强。

父母的帮助是一方面，另一个重要的方面就是让孩子通过自卫赢得自尊，让孩子不做一个任人宰割的人。

一提起自卫，很多父母头脑里马上反映出来的就是孩子吵架、打架等暴力问题。其实合理的自卫使孩子既保护了自己的身体，又保护了自己的心理。当孩子使用合理自卫制止了对方进一步伤害自己的时候，孩子就会在心理上取得巨大的胜利，他会感到：我不是一个任人宰割的人，我有我的尊严。

在孩子与其他孩子发生争执的时候，作为父母，首先要做的是正视这个问题，而不是纠缠于谁对谁错，或是气冲冲地去找对方父母理论，更有甚者理论不过就动手解决。而父母一时的冲动会给孩子留下不好的印象，如果孩子之间一有争吵父母就对他人使用武力解决，极有可能使孩子认为暴力能解决一切问题，而在以后解决与他人冲突时盲目使用暴力。如果爸爸没有打赢，孩子会因自己爸爸打不过人家的爸爸而感到没有面子。这些心理都会对孩子今后的成长有不良的影响。

很多科学研究都表明，孩子之间的肢体碰撞，对孩子的成长有一定的好处。孩子之间的争斗会让孩子产生竞争意识，学会竞争，也会让孩子学会如何承受竞争的结果。孩子会因为自己胜利而感到高兴，也会因落败而伤心。孩子之间的争斗会让孩子发现自我，会很直观地看到自己的弱点与强项，并纠正自己的错误，不断发展自己的优点，弥补自己的弱点。孩子还会在竞争中学会如何用正确的眼光去判断是非对错，并学会原谅、保护和信任别人。所以，当孩子和同伴发生争执的时候，父母大胆放手，让孩子勇敢地进行合理自卫，让孩子觉得自己不是一个任人宰割的人。

看看美国前总统艾森豪威尔的父母是如何教育他的。

艾森豪威尔有 7 个兄弟姐妹，他排行第三，父亲是个制乳厂的工人，艾森豪威尔的父母一直教育孩子要与人为善，谦让他人，所以尽管艾森豪威尔家有 5 个兄弟，可还是常常受到镇上一群野蛮孩子的欺凌，而且情形越来越变本加厉。

有一天，5 兄弟又被这群野蛮孩子追着打，眼看就要打进家门，这时母亲对着 5 个孩子大声说道，给我打回去！于是，5 兄弟发起激烈的回击，把那群野蛮孩子打得到处乱窜。从此，那群野蛮孩子再也没有敢欺负过他们 5 兄弟。

艾森豪威尔妈妈的做法很符合中国一句处世名言：忍无可忍，无须再忍，这也是现今社会的处世准则。生活在一个充满竞争的社会里，即使你处处与人为善，以和为贵，也难免会遭受到意料之外的伤害和攻击。父母可以保护孩子一时，可不能永远保证孩子不受到伤害、不遭遇痛苦、不遭遇挫折。父母对于孩子真正的爱护，不是杜绝孩子受到伤害，避免孩子遭遇痛苦、遭遇挫折，而是要提前训练孩子，让他们拥有面对伤害和挫折的智慧和勇气。当孩子受到伤害的时候，父母一定要告诉他，善于自卫，勇敢自卫，孩子会通过自卫赢得尊严，并获得面对困难、解决困难的能力与勇气。

第四章

意志品质：
"放"则无畏，迎难而上

优秀的意志品质不是生来就有的，唯有经过磨炼才能造就。一个人要克服各种各样的障碍，依靠的是意志品质和内心的力量。要使孩子拥有这种强大而正确的力量，父母就必须教导孩子正确对待困难和挫折。

法则 25　积极主动直面困境

★ ★ ★ ★ ★

孩子在成长的过程中遇到这样那样的困难总是在所难免的，在父母的眼里，孩子面临的困境也许不值一提，算不上什么了不起的问题，但是在孩子那里，可能就是难以逾越的障碍。比如，孩子初入幼儿园时，由于对陌生的环境不适应而拒绝去上学；因为学骑自行车摔倒一次就再也不敢骑了；因为一次考试成绩不理想而对学习有了畏难情绪……

一些父母，总是过于娇惯孩子，一次次把孩子从困境中解救出来，把自己当成孩子的保护神。但是，父母的帮助其实是在否定孩子自己的能力，使孩子失去了锻炼意志力的机会，孩子如果长期得不到锻炼，就会缺乏适应外界环境的能力，看到困难就会畏首畏尾，遇到困境就会消极逃避，将来又怎样在社会上立足呢？父母应该鼓励孩子积极主动直面困境，主动迎战，运用自己的能力去解决问题，培养自己的意志力。

于丹教授曾经说过：困境可以检验一个人的品质。如果一个人敢于直面困境，积极主动寻求解决问题的办法，能在任何不利的环境中始终充满热情，坚定对生活的信念，那么这个人迟早会成功。一个人面临的困境多了，意志也就被磨炼出来了。当一个人有了坚强的意志，还有什么不能克服的障碍？

台湾"十大杰出青年"赖东进就是在面临困境时，不避缩、不后退，主动迎战，最终掌握了命运的主动权，取得了事业上的成功。

赖东进小时候生活在一个极其贫苦的家庭中，当其他同龄孩子在学校里读书的时候，他不是在街头乞讨，就是挨家挨户找活做；不是帮母亲洗衣服，就是牵着盲人父亲街头卖艺。但是，他没有被困境所吓倒，也没有破罐子破摔，而是积极面对困境，努力求学，发奋工作，一步一个脚印，朝自己的目标前进，通过坚忍不拔的毅力和坚强的意志最终成为了一名著名的企业家。

随着孩子年龄的增长，接触面的扩大，孩子面临困境的几率就会越来越大，困难会越来越多。希望孩子顺利走出困境，是每个父母的希望，但是孩子总有一天要离开父母的怀抱独立生活，总有一天要单独面对困境，因此如何培养孩子积极面对困境，是父母应该重视的问题。

1. 父母要引导孩子树立战胜困难的信心

父母经常与孩子交流，可以增强孩子与困难拼搏的信心，父母的关心会激发起孩子战胜困难的勇气。当孩子遇到困难时，父母要给予激励和开导，教会孩子如何去解决困难，在一次次克服困难的过程中，孩子自然而然就会树立起战胜困难的信心。并让孩子认为，遇到困难就是给了自己一次锻炼的机会，一次挑战的机会，养成一种乐观积极的人生态度。来看看下面这位妈妈的做法：

晓航才学了一天乒乓球，就打了退堂鼓，不想继续学了。妈妈在和晓航沟通以后，找到了其中的原因。晓航刚开始学球，在进行基本的"掂球"训练时，总是控制不住球的方向和拍子的平衡，心里特别着急，同时又担心自己被小伙伴们笑话，因此有了畏难情绪。

妈妈了解原因后，便对儿子说："万事开头难，其他小伙伴开始肯定也是这样的，只要你多加练习，坚持努力，妈妈相信你一定会做得很好的。你是男子汉，不会遇到困难就退缩吧？"

在妈妈的激励下，调动了晓航的积极性与自信心，坚持下来了。现在的晓航已经取得了不错的成绩，还经常代表学校去参加比赛。

2. 放手让孩子自己去解决困难

大部分父母看到孩子摔倒在地上时，都会跑过去扶起孩子，甚至安慰孩子，为孩子寻找摔倒的客观理由。父母这样越俎代庖使得孩子不能真正地得到锻炼，还会对父母产生依赖心理。而有的父母在孩子遇到困难时，采用不管不问，甚至讽刺嘲笑、批评、粗暴责问的方式，呵斥孩子的无能，导致孩子遇到困难就产生畏难情绪，当然无法去战胜困难。父母的这两种态度都是错误的。

正确的做法是，当孩子遇到困难时，父母不要急于去帮孩子，替孩子去克服困难。应该先为孩子提供指导，鼓励孩子自己找原因、想办法克服困难，尽自己的所能去战胜困难，这样才能真正帮助孩子解决困难。

父母要教给孩子这样一种信念：困难并不可怕，可怕的是不敢面对困难。遇到困难时不要后退，更不要依赖于别人的帮助，而是要勇于面对困难，自己努力解决困难。父母只有放手让孩子自己去解决困难，孩子才会在不断解决困难的过程中得到锻炼。

3. 给孩子树立榜样

父母可经常向孩子讲一些名人在困境中成长并获得成功的事例，鼓励孩子向他们学习。其实，孩子最直接最容易接触到的榜样就是父母，在遇到困难和问题时，父母也要给孩子树立榜样，采取积极主动的态度去应对，多讨论解决问题的办法。孩子在耳濡目染中就会受到熏陶，学会解决问题的思路和办法。孩子会记住名人的成功历程和父母克服困难的经历，当孩子在以后的生活道路上再面对类似的困难时，他们就会自觉学习名人和父母的做法，积极面对困境，主动去寻找解决问题的办法。

父母在日常生活中要尽可能多给孩子提供锻炼的机会，在平凡的小事上培养孩子的意志力，指导孩子战胜困难的具体方法，让孩子逐渐学会解决自己生活中的问题，并从中体验达到目的后的快乐。

不经历风雨，怎么能见彩虹，让父母少一些溺爱，多一份理智，放手让孩子在风雨中经受锻炼与考验，在困境中成长为搏击长空的雄鹰。

法则 26　自信心能收获奇迹

★　★　★　★　★

萧伯纳有句名言："有自信心的人，可以化渺小为伟大，化平庸为神奇。"自信心就是坚信"我能行！"一个人的自信心越强，他成功的概率就越大。

因患脊髓灰质炎而致残的罗斯福，第一次竞选总统时，对助选员说："你们布置一个大讲台，我要让所有的选民看到我这个患麻痹症的人，可以走到前面演讲，不需要任何拐杖。"竞选那天，尽管罗斯福一病一拐，仍旧充满自信地从后台走上演讲台，凭借他顽强的意志和自信所散发出的个人魅力，终于当选为总统。

就是这样一位身体有残疾的总统，却是美国历史上唯一一位连任四届的伟大总统。自信，可以让人摆脱委靡、振奋精神，在困难面前无所畏惧、勇往直前，创造出人生的奇迹。

可见，自信心在一个人一生中的作用不可小觑。让孩子从小树立自信心对孩子的健康成长和各种能力的发展，更是具有十分重要的意义。

有些孩子自信心十足，什么都敢尝试，把"我能行"当成口头禅。但也有一些孩子缺乏自信，遇事前怕狼后怕虎，畏缩不前，总把"我不会""我不行""我不敢"挂在嘴边，这样的孩子将来难有大的作为。那么，父母应如何培养孩子的自信心呢？

1. 父母要言传身教

父母是孩子效仿的榜样，是和孩子相处时间最多的人，父母的言行对孩子的影响很大。如果父母遇事总说"我不行"，孩子就会这样想："爸爸妈妈都没有信心，我一个小孩就更不行了。"

父母应当以肯定与坚信的态度对待事情，在日常生活中，应表现得自信心十足，让孩子在父母的影响下自信起来。父母平时要多对孩子说一些鼓励的话，"你一定能行，你肯定做得不错"，"别人能做到的，你也能做到"，父母的鼓励与信任会让孩子信心倍增。

2. 让孩子做力所能及的事情，培养孩子的自信心

那种凡事依赖父母和别人的孩子总是期待被照顾，对自己的能力缺乏自信。孩子的自信心是随着成功次数的增加而逐步增强的。在日常生活中，父母应适当给予孩子力所能及或稍微克服下困难就获得成功的任务，让孩子经过独立的锻炼，获得成功的体验，建立真正的自信心。

凡是孩子力所能及的事，父母就请放手吧，让孩子自己料理自己的日常生活，自己完成自己的作业，还可以给孩子分配一些扫地、刷碗等家务。这些活动不仅能促使孩子的身体和各种能力的发展，而且能使之获得成功的欢乐，从而增强自信。如果父母总是把孩子置于自己的庇护之下，事事包办代替，什么都不让孩子动手，就会剥夺孩子通过活动树立自信心的机会。

3. 多给孩子肯定、鼓励的评价

父母多肯定、鼓励孩子，有助于提高孩子的自信心。自信心比较强的孩子，往往对自己所从事的事情充满信心，而那些缺乏自信心的孩子，往往缺乏参加集体活动的勇气和热情，无论做什么事情都缺乏自信。

父母万万不可用尖刻嘲讽的语言挖苦孩子，也不可以拿别人家孩子的优点去和自己家孩子的缺点作比较，更不能当着外人的面惩罚孩子或不尊重孩子，以免让孩子的自尊心受到伤害，让孩子产生自卑感，从而丧失自信心。

一个经常能得到父母的肯定和表扬的孩子，无论做什么事情都会兴致勃勃、信心十足，为完成事情做出自己最大的努力。总之，父母对孩子要采取信赖、欣赏的态度。多跟孩子说鼓劲的话，不说让孩子泄气的话，更不要挖苦嘲讽孩子。对孩子少一些歧视和冷漠，多一些尊重和赞扬，孩子就会获得精神上的满足，从而产生一种积极向上的原动力，激发自信心。

4. 让孩子不断获得成功的体验

一个常常遭受失败体验的孩子，毋庸置疑他就会对自己的能力产生怀疑，所以培养孩子自信心最重要的就是让孩子不断地获得成功的体验。父母应根据孩子自身的特点和个体差异，给孩子确立一个适合的目标，使其稍微努力就能完成。如一个会洗红领巾和毛巾的孩子，可以让他洗自己的校服；一个每天能背下 5 个英语单词的孩子，可以让他每天背下 6 个单词，总之这个目标对孩子来说不是太困难，稍微努力下就能完成，让孩子在不断的成功中培养自信。切忌目标定得太高，而孩子的实际能力不及，连遭失败后，就会导致孩子的自信心屡屡受挫。

一个总是学不会新知识新技能的孩子，就会觉得自己是一个失败的人，他的自信心因此会受到打击，以后便不愿再付出努力。而孩子越是不努力，就越难把事情做成，只能是越来越不自信，从而形成恶性循环。为了消除这种恶性循环，父母在必要的时候可帮助孩子，让孩子完成他们想要做的事来体会成功的感觉。

另外，父母应当特别关心缺乏自信心的孩子。对那些胆小、不自信的孩子，父母要有意识地让他们在家里完成一些任务，在这个过程中培养孩子的大胆和自信。

自信心是适应这个竞争的时代必备的品质，告诉你的孩子，你能行！让孩子从自信心中收获奇迹，开启灿烂的人生！

法则 27　试错是通向成功的捷径

★ ★ ★ ★ ★

人非圣贤，孰能无过。孩子更是难免，他们不可能不犯错。由于孩子的心理和生理都没有达到成熟的状态，因此经常会出现各种各样的错误。有些孩子还会出现一种逆反心理，明知是错的偏偏要去做，故意和老师、家长对着干。

事实上，没有任何一位父母喜欢自己的孩子犯错误，但这是不可能避免出现的情况，当孩子犯错误的时候，父母怎么办呢？请父母看看以下的事例来了解这些问题。有一个 9 岁的小女孩，经常对父母撒谎。

有一次，女孩子对妈妈说自己的作业已经完成了，然后就开始去看动画片。当妈妈和班主任交流的时候，才发现，原来女儿的作业并没有做完，而是留了一部分，第二天上学的时候，才匆匆忙忙的把作业写完了。妈妈听完之后非常伤心，狠狠地把女儿骂了一顿。可是女儿好像并没有改掉撒谎的毛病，后来连话也不跟妈妈讲了。出现这种情况，妈妈感到很困惑，不知道如何办才好。

还有一个10岁的小男孩，他非常调皮。当父母不在家的时候，他把墙壁上画出一条又一条画痕，把家具上画上乱七八糟的图案，而且还把一些颜料涂抹得到处都是。父母极为生气，把儿子狠狠地批评了一次，但是效果并不理想，儿子顽劣依旧，没有任何的改变。

孩子的这些行为，确实让父母头疼，那么父母如何去引导才好呢？孩子做事情有自己的想法，不可能百分之百按父母的要求去进行。父母要解决的问题就是孩子如果犯了错误，如何进行处理。

孩子的探索欲和求知欲很强，当他们看到自己没有见过的新鲜事物的时候，就会尝试着用各种办法去寻求事物的真相。而这种认识新事物的方式很可能就让父母很头痛，可能最初并没有意识到这是一种错误。孩子对新事物进行探索的欲望是强大的，不达到一定的目的，他们就不会放弃，这种精神如果适当的引导，是非常可贵的。有的时候孩子的错误反而会让孩子取得一连串的进步，学会更多东西，而且这种学习还是自发的、主动的，发自内心的一种积极的行为。

1. 父母面对孩子的错误，首先要做的就是宽容

这种宽容主要体现在不要轻易去批评孩子。当孩子犯错之后，了解孩子犯错的原因，加以疏导，加强教育，让孩子以后少犯，甚至不再犯同样的错误。比如说孩子不小心把桌子上的一个花瓶打碎了，这时候，父母大声的责骂是起不到任何作用的。父母要做的就是耐心地告诉孩子："现在你知道花瓶掉到地上就会被摔坏，你现在就应该明白，其实一切玻璃和陶瓷的东西都是怕摔的，下次遇到这种物品，要细心地爱护它们，轻拿轻放，不要再犯同样的错误了，好吗？"

同时，还要对孩子表示关心，提醒孩子当这些碎片落在地上的时候，要注意

不要把自己的手脚划破。这样孩子就会很感动，他们觉得父母很关心自己，很信任自己。在这种情况之下，孩子就会加强责任心，下次看到这些玻璃或陶瓷的东西，就会小心一些，不再犯同样的错误。

如果孩子是由于想探索什么而犯的错误，比如说他们把新买来的玩具拆开了，想看看这究竟是怎么回事。这时候父母要注意保护孩子的探索精神，不要一味的指责，这对于孩子来说是相当重要的。

对待孩子的错误，父母要先宽容，然后再把自己的想法给孩子讲清楚。对孩子表达自己的想法和希望时，要耐心地对孩子讲。同时把犯错误的后果讲给孩子听，比如说不按时完成作业会有什么后果，乱写乱画会让家里变得非常乱等，孩子觉得自己受到了大人的尊重，心理上会得到认同，他们会主动反省自己，那么下次就不会再犯同样的错误了。

父母要允许孩子犯错误，因为很多错误都包含着孩子的一种学习的动机和积极性在里面。父母还应在适当的时候对于孩子的做法给予适当的鼓励，以便于他们放心地发挥自己的创意和潜能。如果不分原因一味指责，那么孩子就会产生逆反心理，故意和父母作对，不断地重复犯错。

2. 注意观察，当孩子有犯错误的苗头时加以疏导和制止

有的时候，孩子会故意去犯一些错误。比如说，有的孩子想让工作繁忙的父母注意到自己的存在，故意做出一些出格的事情来引起大人的注意。这个时候，父母就要及时关心孩子，并对孩子的这一行为加以引导，不要横加指责。

3. 父母要设身处地地站在孩子的角度想问题

一些父母常常会站在自己的角度，拿自己以前的经验来想孩子遇到的问题，

这是不合适的。社会在不断地发生变化，孩子有的时候接受新思想和新事物的能力要比父辈强上好多，如果父母一味用自己几十年前的想法来要求孩子，那是非常不合适的，反而会使孩子疏远了和父母之间的情感。

总而言之，父母不要以为孩子什么也不懂，不要认为他们犯错就是故意与自己作对。要认真分析孩子犯错误的原因，找出合适的应对办法，加强心理疏导，真正做到让孩子在犯过错误之后逐渐走向成熟，顺利完成成长的过程。

法则 28　有些困难其实是纸老虎

★ ★ ★ ★ ★

很多孩子遇到困难时有一种畏难情绪。有很多的困难，其实孩子完全有能力自己解决，但是他们并没有这样做，而是选择了去求助于老师或父母。时间长了，孩子就会自动放弃自己可以胜任的工作，从而养成了一种躲避困难的心理习惯。

那么当孩子产生这种情绪时，父母应当怎么做呢？

首先，父母要学会培养孩子的自信心。其实很多的时候，并不是孩子所遇到问题太难，而是孩子没有自信心，觉得自己是不可能把这些事情做成的。这其实是孩子们心理上存在的一些误区。

可以通过一个事例来说明这个问题。

深圳市翠园中学的蔡灏彬同学深得大家的喜欢，因为他是一个聪明、懂事的男孩。不过他也有缺点，那就是虽然学习的积极性很高，但是对于自己不够自信，总觉得自己无法理解透老师所讲的内容，所以问老师的次数也比别的同学要多一些。

老师发现之后，开始有意识让他独立完成，改善学习的习惯，由此来提高他的学习能力，培养他的自信心。开始，当灏彬拿到相对容易做的题目之后，他就会独立地去做，当做完之后，他会非常开心。但是随着题目的难度一点儿一点儿增加，灏彬的畏难情绪就会逐渐显出来了，他拿到题目之后不会做，就去找老师解决。

老师并没有直接教灏彬解题，而是启发他找新题与旧题之间的关系，灏彬还是觉得自己无法独立解题，就对老师说，这道题太难了，我做不出来。老师就让他把能做的部分先做出来，然后寻找新题哪些情况发生了变化、是如何变化的，变化的过程对于这道题的解答有何影响。这样一来，经过老师的引导，灏彬就对这道题开始慢慢熟悉，不再认为这道题难做了，而且他还试着从多个角度来解决问题，边思考边动手。最后，灏彬不仅成功地解决了这道题，而且还举一反三地做出了更难的一道题。

灏彬的信心在这个解题过程中得到了加强。从此之后，他明白，只要是自己用心去做，深入地学习知识，适当地运用一些技巧，肯定会把难题解决的。随着灏彬学习的不断深入和学习能力的提高，他的自信心越来越强，再也不怕那些难题了。

从上面的事例中，可以看出，在日常的学习生活中，父母要积极地去创造机会让孩子亲手操作，自己解决自己一直以为解决不了的难题。这样孩子就会增强自信心，减少畏难的情绪。过了一段时间，孩子就会发现，只要充满自信心做事，其实这些事情并不像自己想象中那么难。

父母在培养孩子克服畏难心理的时候，要学会给孩子创造机会。在生活中，孩子经常会遇到一些他们认为很难或者很麻烦的事情。面对孩子那祈求的目光，再加上撒娇的语气，很多的父母都会心软，原来设立的心理防线顿时崩溃，无条件地服从孩子的意愿，把自己原来设定好的想法全盘推倒，又出手帮孩子解决问题。其实这样做反而害了孩子，孩子会觉得自己一定不可能完成这些事情，只有在父母的帮助之下才能解决这些问题。

在很多时候，当孩子对于陌生的事物缺乏了解的时候，会很容易产生畏难情绪。在这种情况之下，我们不能一味的帮孩子解决问题或呵斥孩子，而是加强与孩子的沟通试着去引导。当孩子在父母的帮助之下对所处理的事情有所了解的时候，就会懂得这些事情并不是像想象中那么难，便会慢慢消除对于这种事情的畏难心理。

比如说父母想教孩子洗衣服，孩子刚开始自己去试着做的时候，常常会洗不干净，而且弄得身上和地上都是水和泡沫。出现这种情况，孩子就会非常讨厌做这件事情，很反感父母的安排。父母面对这种情况，简单的呵斥是起不到任何效果的。

首先，父母要有耐心。最好当着孩子的面进行一次示范，细心地讲解洗衣服的过程和手法，而不是一把揽过来，不再让孩子动手。这样做的话，孩子是永远学不会洗衣服的。

当孩子逐渐熟悉了做一件事情的过程之后，就不再觉得这件事情很难了，而且一旦获得成功，就会欢欣不已，自信心就会增强。孩子会觉得其实这是一件非常简单的事情，只要自己注意方法去做，没有什么可怕的。时间一长，孩子的畏难心理就会渐渐消除，哪怕是做再难的事情，也会充满信心。

法则 29　让孩子拥有坚定的奋斗目标

★　★　★　★　★

孩子刚出生的时候就像一张一尘不染、干干净净的白纸。孩子生命的画卷是否能画得绚烂，生命的乐曲是不是能唱得嘹亮，都取决于小时候是否有着美好的理想。

只有确定了奋斗目标，然后带着这份憧憬，带着这份企盼，一个人才能开始自己追梦的征程。理想是远航的风帆，理想是前进的灯塔，它指引着方向，给予人激情。一个人，要想让世界看到自己生命的灿烂，就要去努力、去拼搏、去抗争，那么没有什么事情是不能成功的。那么究竟要如何做，才能让孩子有灿烂的生命呢？

1. 教导孩子树立心中的奋斗目标

几乎每个孩子在小的时候都有过关于"我长大了做什么"的构想，或者是平常父母和孩子的玩笑，也或者是老师布置的功课和作文。诚然，孩子的答案充满想象力，这无可厚非，因为对一个孩子而言，自然可以天马行空地信口开河。但是，许多案例都表明，一个有所建树的人，都是从小就有着清晰的目标，并为目标努力奋斗的人。

所以在孩子小的时候，父母就应该引导孩子树立明确的目标，这个目标就会形成一种无形的召唤，最终把孩子引领着走向梦想的国度。

2. 教会孩子确立适合自己的目标

体坛明星姚明，身高两米还要多，如果做别的事，无疑是不太灵活。他正确地选择了打篮球作为自己的奋斗目标，这样身高就成了优势，再通过自己的刻苦努力使他在 NBA 篮坛上风生水起。因为姚明能善用自己的优点，并找准了适合自己发展的方向，所以才能让特长发挥到极致，取得了非凡的成绩。大家会认为爱因斯坦是天才，但如果当初他不是选择做科学家，而是当了一名公务员或者去经商呢？

一个人才和庸才最大的区别在于：当初是否选对了方向，设定了正确的目标。每一个孩子都有自己的优点和弱点，做父母的一定要合理利用孩子的优点，引导孩子从小选好前进的方向，最终才能让孩子拥有着适合自己的职业，放射出他们应有的、最亮丽的光彩。

3. 用纪律约束孩子

没有规矩，不成方圆。光有美好的理想却不为之奋斗，如同临渊羡鱼，那等于零，只有老老实实地结网打鱼才是正确的。要想让孩子达到自己的目标，从小就要让孩子遵守纪律，这是绝对必要的。因为只有保持行动，才能确保结果。只有坚持不懈、持之以恒，才能获得成功。

4. 让孩子有"不抛弃、不放弃"的坚定信念

孩子在成长过程中，在追求理想和目标的过程中，遇到挫折时就有可能放弃原定的目标。因为在他们内心，理想召唤的声音在让他向前，但也会有另一种声音让他想放弃。所以父母要鼓励孩子为了达到自己的目标，要不抛弃、不放弃，坚持下去才能获得最终的胜利。

毕竟孩子的意志力还是薄弱的，再美好的理想也有它暗淡无光的时候，何况向上的路总是坎坷而崎岖的。所以必须让孩子坚定信念，遇到困难不能气馁，要永不言败，要乐观向上、努力进取。只有这样，才能在坎坷中不断前进，在逆境中获得一丝希望之光，最终到达光辉的顶点。

天空太高，似乎高不可攀；未来太远，常如雾里看花。天其实并不高，海其实也不远，因为只要终点的坐标始终清晰并且执著前行，就能活出自己的风采，走出自己的亮丽，就能最终达成目标。

法则 30　让孩子远离"蛋壳心理"

★ ★ ★ ★ ★

"蛋壳心理"是指一种脆弱的心理状态，一触即破。如果这种心理状态不改变的话，很容易让孩子有心理隐患，如果在外界受到什么触动的话，有可能会像一颗定时炸弹一样爆炸，这种心理隐患对于孩子的一生很可能会产生不良影响。

分析孩子"蛋壳心理"产生的原因，不难发现，父母对于孩子过分的娇惯和纵容，对于孩子无理要求的不断满足，就很容易造成孩子出现这种心理状态。

孩子的心理承受能力，要比成人的心理承受能力低一些。有的孩子会在挨批评后，产生一种极端的举动，甚至会发生自杀或者自残行为。

有的孩子看起来外表很孤傲，好像对所有事情都不在乎，但是事实上他们心理却非常脆弱，十分在乎别人的意见，而且只能听表扬的，不能听批评的，只能听到赞同的，不能听到反对的。如果听到别人给自己的负面评价，孩子就会变得敏感而多疑，感到难以接受、无法面对……

"蛋壳心理"的形成不是一天两天造成的，而是一个很漫长的过程。说到实质，是父母家庭教育不当所造成的。有的父母千方百计地庇护孩子，对于孩子的事情无论巨细一手包办，无论孩子做了什么事情，好事大加赞扬，坏事一略而过，轻描淡写地说上两句。父母的这种爱其实是畸形的，直接导致了孩子"蛋壳心理"的形成。

那么如何才能让孩子消除这种蛋壳心理呢？希望下面这个案例能给各位父母一些启示。

有一次，有几个小朋友在一起玩捉迷藏游戏。刚开始的时候，大家都比较有次序按规矩玩，地点也只限于不远处的几个容易找到的地方。于是你来我往，轮番上阵，玩得不亦乐乎。

可是玩了一会儿，由于藏身的地方太容易寻找，于是有大胆的小朋友提议：我们要不扩大下范围？这样玩起来才更刺激，更有乐趣。结果，玩着玩着，有一个小朋友突然找不到了。这下几个小朋友都傻眼了！他们有的站在那儿呆若木鸡，有的则说要不我们自己回家吧，还有人开始抱怨那个刚才提议藏远点的小朋友……总之，这会儿大家全没了主意，有的吓得大哭起来。这时，恰好有一个小朋友的家长来找自己的孩子，他知道了这事后，先是问清了来龙去脉，冷静地分析了孩子的藏身之处，和小朋友一起把那位"失踪"的小朋友找到了。之后，这位家长把几个玩游戏的小朋友召集到一起，告诉他们遇到这种事情，首先不要慌，一定要想办法解决意料之外的危机。如果是自己如果解决不了的问题，就给家长打电话或者请警察叔叔帮忙。

这位家长的做法无疑是明智的，他在出现问题后，临危不乱，把问题解决之后，又有意识地对小朋友进行引导，培养孩子们对于挫折的承受能力。生活是无情的，没有人能保证孩子在成长过程中，不会受到挫折和失败，所以及时地培养孩子承受挫折的心理能力是非常有必要的。

父母对孩子的爱是无私的，而孩子能得到父母的爱是很幸运的。巴尔扎克说过："苦难对人生是一块垫脚石，对于勇敢的人是一笔财富，对弱者则是万丈深渊。"一个没有承受过苦难的孩子，心理就会非常脆弱，将来走向社会，很难接受失败的打击。

如果想避免孩子产生"蛋壳心理"，可以逐渐培养孩子的心理承受能力。父母可以尝试着让孩子在适当的时候，用适当的方式让他们吃一些苦，如果条件允许的话，让孩子们受到一些挫折。不要让孩子事事顺心，让他们学会如何在逆境中保持自信，让他们在挫折面前学会乐观，对于一切困难泰然处之。有意识培养孩子的韧性和抗挫折的能力，让他们在困难面前学会不低头。

对于孩子的一些无理要求，父母要学会对孩子说"不"。对孩子的合理要求父母可以满足，但是那些不合理的要求，父母要坚决拒绝，不能事事顺着孩子。在父母的拒绝中，孩子的自我约束能力和心理承受能力都能有所提高。

当孩子遇到一些不顺心的事情时，有的父母就会心疼和难过，就会忍不住出手帮孩子解决难题，这是不合适的。因为这样就会让孩子形成一种"蛋壳心理"，这种情况之下，父母让孩子有意识地去面对困境，培养孩子面对困境的勇气，这样，孩子才会越来越坚强。孩子在这个过程中，逐渐学会了如何去解决困难，从而得到锻炼，远离了"蛋壳心理"。

法则 31　改变孩子的依赖心理

★　★　★　★　★

父母可能发现孩子的心理变化有这样一个特点：当孩子年龄偏小的时候，常常喜欢帮大人做事情，等到稍大一些，反而什么事都不愿做，当在生活中遇到难题的时候，常常会求助于父母，久而久之就产生依赖心理。

那么孩子为什么会出现这种心理变化呢？

当孩子年龄小的时候，他们会对世界充满好奇心，各种各样的技巧他们都想学着去尝试一下。在这种情况之下，孩子是非常喜欢帮助大人们做事情的。这个时间段的孩子不容易产生依赖心理，他们会在和大人一起做事过程中学会做很多的事情，积极而踊跃地去尝试对于他们而言是一种乐趣，哪怕是碰到小小的挫折也不以为意。当孩子逐渐学会了一些技巧之后，就会对一些事情失去了新鲜感，而且渐渐产生了厌烦的心理。他们会觉得这些事情很平常，没有乐趣可言。在这种情况之下，孩子由对做事的积极主动心理转成了一种逃避心理。如果父母此时不对孩子加以适当的引导，孩子就会非常不喜欢做这些事情，把事情都交给父母去做，依赖心理的产生也就成为必然。

那么如何才能避免孩子产生这种依赖心理呢？

父母多给孩子锻炼的机会。比如针对孩子的情况，让孩子去完成一些他们感兴趣的任务。当然，一定要注意不要对孩子要求过高，不要让孩子完成一些他们难以达到的任务。如果对于孩子的要求太苛刻，他们就会产生恐惧心理，很怕去做这些事情，更糟糕的是会使孩子产生极度的自卑心态，不再愿意去做各种尝试。

想锻炼孩子却让孩子的积极性受到了打击，这样会得不偿失。

父母要逐渐提高任务的难度，提高劳动的要求，明确自己的期望，让孩子对于任务了解得更透彻，使孩子能充满热情地去完成各项任务。在孩子完成任务之后，父母还要给予适当的鼓励，这样孩子会干劲十足，高高兴兴地去完成接下来的任务。

孩子逐渐长大，他们一步一步渐渐地开始接触这个社会，他们的生活环境也在变化，从家庭走向学校、走向社会，孩子所面对的对象也在不断地发生变化，先是自己和家人，再慢慢地扩展到其他的人。因此，在孩子的成长过程中，父母要积极地锻炼孩子，让孩子摆脱依赖心理，最终拥有独立人格，在未来竞争激烈的社会中占有一席之地。

孩子依赖心理的另一种表现形式是对亲人无法割舍的依赖。请各位父母看一下这个案例。

笑笑的妈妈在他两岁前一直在家做全职妈妈，可是后来她原来的单位要求她重新去上班。这样，笑笑被送托儿所的事就提到了议事日程。尽管笑笑还不明白托儿所的全部概念，但他这几天的表现突然有点反常。

一整天寸步不离地跟在妈妈身后，即使妈妈上个厕所他也会大哭大叫，还常常在深夜说梦话不让妈妈离开，甚至连爸爸也不让抱了。这下妈妈可犯愁了，这孩子到底怎么了，为什么他就这么依赖自己呢？

笑笑的心理状态具有一定代表性，孩子这种和依赖对象分开后出现的不安的心理表现被称为"分离焦虑症"。在孩子 6~8 个月和 18~24 个月的这个阶段，是一个十分关键的时间段。在这个时期，孩子特别需要一种保护和安慰，如果此时和他们亲近的人离开了，那么孩子的人格健全的发展就会受到影响。当孩子进入新环境时也很容易出现"分离焦虑症"，比如说进入幼儿园的时候。当孩子进入幼儿园的时候，他们会哭着要爸爸妈妈陪着。但是过了几天之后，当孩子熟悉了新环境，就会逐渐开始适应，从而不再哭闹着让爸爸妈妈陪着，学会去和小朋们交往。那么孩子心理上的依赖就会渐渐消除。

如果孩子的依赖心理比较严重，该如何进行调适呢？这个时候，需要父母适当地进行引导，把孩子的注意力转移到外面的世界，把世界精彩的一面呈现在孩子们的面前，让孩子渐渐地摆脱依赖心理。

父母在尊重孩子的同时给他们独立生活的空间，尽可能地为孩子创造自主机会，同时让孩子懂得人与人之间有的只能是短暂的相处，一个人成长的过程就是与亲人分离的过程，外面还有更广阔的社会在等着他们去融入。在这样的科学引导下，孩子的依赖心理就会慢慢消除。

第五章

自我管理：
张弛有度，做自己的主人

萧伯纳说过，自我控制是强者的本能。我们每一个人都具备一种可以雕刻自己人生轮廓的能力，做自己的主人。想让孩子有自己做主的能力，就需要孩子以了解自我为基础，知道自己的秉性和特点。当孩子逐渐成长，从父母手中夺回对自己的控制权之后，人生之路就由他自己驾驶。

法则 32　让孩子学会安排和计划

★　★　★　★　★

一个人徒步横穿沙漠，途中需要 8 天的时间，于是他带了 8 天的食物和水就出发了。由于天气太热，他口渴难忍，第一天就喝完了两天的水。继续上路后，他总是感到又饿又渴，于是就不停地吃东西，不停地喝水。第四天的时候，水已经被他全部喝光了，只剩的这点吃的东西，用了不到一天的时间也被他吃光了。在沙漠那样的环境里，还有一半的路没有走完，他就已经没有水和食物了，可想而知，这个人最终也没有走出沙漠。

而另一个人也要徒步横穿沙漠，也带了 8 天的食物和水，但这个人对每天能喝多少水，能吃多少东西，都做了精确的计划和安排。

在途中无论他有多么口渴，多么饥饿，也坚决按照计划吃饭、喝水，最终他顺利穿过了沙漠。

这个故事告诉我们，如果一个人拥有可支配的东西是有限的，那么为了将来，一定要合理安排和筹划。孩子往往缺乏这样一种统筹安排和计划将来的意识，总恨不得把好吃的一次吃完，好玩的一次玩够，把自己的钱一次花光，把自己所拥有的美好一次用完，不给明天留一点希望和美好，从而给自己的生活留下遗憾。

如果一个孩子从小缺乏统筹安排和计划将来的意识，长大以后就会不知道如何安排自己的生活。所以，要让孩子从小学会筹划安排和计划将来的能力，父母要有意识地锻炼孩子的这种能力。比如支配金钱是孩子迟早要掌握的学问，父母就可以先让孩子学会合理支配自己的零花钱，让孩子发现合理计划的重要性。

有一名美国的母亲，给了自己的孩子足够坐车的零花钱并和他一起外出，然而孩子太贪玩，他用所有的零花钱买冰激凌、玩游戏，等需要坐车回家时却没有钱了，孩子向母亲求救，母亲却毫不客气地让他自己走回了家。这个经历让孩子吸取了一个教训，让他学到了非常重要的一课：一定要善于合理安排手中的资源，以便筹划将来的生活。

在日常生活中，父母可以定期给孩子一些零花钱，让孩子自由掌握，让他学着合理支配自己的财产。比如可以带孩子去超市选购一些孩子自己的日用品，小额付款可以让孩子自己来。父母要告诉孩子日常的必要开支都有哪些，在是否买零食、看电影、买玩具时，让孩子自己来做决定，孩子节余下来的钱可以让他存下来以备不时之用，或者购买自己喜欢的东西。这样逐渐积累孩子日常消费方面的常识，锻炼合理安排的能力。请各位父母来看看这位母亲的做法：

莉莉过年时，收到 1500 块钱的压岁钱，她想给自己买一身高档运动服、一双名牌运动鞋，然后再买一个手机，压岁钱基本就不剩了。妈妈知道莉莉的计划后，帮她分析：莉莉平时都穿校服，即使买了高档的运动服也基本派不上用场，何况她自己还有一身运动服。原来的手机还能用，没有必要再买新的。妈妈只同意莉莉买了一双新鞋，并建议莉莉将剩下的钱存了起来，有需要的时候再拿来用。

莉莉虽然并不赞同妈妈的意见，但还是接受了妈妈的建议。但是后来，当莉莉遇到很想要的东西，而这些东西平时妈妈是不给她买的，莉莉就可以使用自己剩余的压岁钱来购买。莉莉不仅买了自己很想要的几套课外书，还送了转校的好朋友一份礼物。这时莉莉觉得幸亏听了妈妈的话没把所有的钱都花光了，节余下来的压岁钱派上了大用场。从这以后莉莉开始主动为自己手中的钱制订合理的消费计划了。

大多数孩子都像莉莉刚开始那样没有合理的计划，常常是只要手里有点闲钱，就想把它花完，从来不考虑所买的东西自己是不是真的需要。只要是自己喜欢的东西就不顾一切买下来，只顾眼前，不去想以后是否会遇到自己更喜欢的东西。这样的后果往往是花钱买一堆用不着的东西，当真的需要花钱时却没有了余钱。所以，父母要让孩子学会合理安排自己的生活，学会合理支配金钱，培养孩子独立的个性。

法则33　不要让孩子被负面情绪纠缠

★ ★ ★ ★ ★

在一份《中学生的自杀现象调查分析报告》（北京大学儿童青少年卫生研究所）中显示，中学生每5人中就有一人考虑过自杀。而当笔者在互联网上搜索关键词"中学生自杀"时，电脑立即显示出150多万条信息：普宁市一位18岁的女学生罗某，趁学校放假，在学校上吊自杀；遵义市汇川区一名高三女学生小霞在高考第一天，从外婆家居住的3楼跳楼自杀……

一个又一个血淋淋的事实接在我们面前，触目惊心。是什么让孩子情绪失控选择了这条不归路？谁又该为他们失控的情绪负责？

美国作家希克斯所著的《情绪的惊人力量》中说道："情绪的确是十分强而有力的力量。情绪能够激励我们实现自己的命运、克服最严重的创伤，同时，情绪也会让自己因为小挫败而动弹不得。"

孩子的情绪会随每天的日常生活而波动变化。今天上学迟到了，会担心老师的责骂；因为考试成绩优秀，获得了三好学生的头衔，走在回家的路上，感觉满街的花儿都是因为自己而绽放；几何作业上百思不得其解的图形，一下子就让孩子陷入了无边的苦恼之中。初恋时感觉甜蜜，孩子会对着枕头下面恋人的照片说，我好幸福；因为意见不合同父母争吵，孩子会流着泪说，我好难过；因为可以周末到郊外的外婆家，孩子会蹦蹦跳跳地说好高兴哦……情绪就像一个风向标，把孩子的喜怒哀乐像画图一样表现给自己和周围的人，并带来各种或短暂或长久的影响。

"人生不如意十之八九"，生活在竞争激烈的现代社会，孩子要面对来自生活、学习和情感等多方面的压力。沉重的压力导致孩子情绪不良，学习效率下降，生活质量降低，甚至引发疾病等不良后果。看看下面案例中的这位父亲是如何疏导孩子的不良情绪的。

一个小男孩，脾气很暴躁，不能控制自己的情绪，每天总是大发牌气。一天他父亲拿一把铁钉和一把锤子给他并对他说，你以后发怒的时候就到门口的那根粗木桩那里钉一颗钉子，想发怒一次就钉一颗钉子。于是每当他想发怒的时候就到家门口的木桩钉一颗铁钉，最多的一天他甚至向木桩里钉进去 100 颗钉子。

有一天父亲对他说，每当你感到心情不错时就从木桩上取下一颗钉子吧！听完了父亲的话，小男孩从木桩那儿取下了一颗钉子。慢慢地小男孩每天往大木桩上钉的钉子越来越少了，而取出的钉子越来越多。终于有一天，他不再向木桩上钉钉子了。

这位聪明的父亲用他独特的方式让小男孩学会了控制情绪，避免被负面情绪纠缠而发怒的不良心境。

美国密歇根大学心理学家南迪·内森的一项研究发现，人的一生平均有十分之三的时间处于情绪不佳的状态，因此，人们常常需要与那些消极的情绪作斗争。那么，父母究竟应该如何让孩子把握控制自己的情绪呢？

1. 告诉孩子保持积极乐观心境很重要

戴尔·卡耐基说："学会控制情绪是我们成功和快乐的要诀。"美国杰出的企业家、作家和演说家奥格·曼狄诺在他最失意时曾说过："今天，我将爬出满是失败创伤的老茧，用爱来面对世界，重新开始新的生活。"他在《世界上最伟大的推销员》一书中说道：

沮丧时，我引吭高歌。

悲伤时，我开怀大笑。

病痛时，我加倍工作。

恐惧时，我勇往直前。

自卑时，我换上新装。

不安时，我提高嗓音。

穷困潦倒时，我想象未来的富有。

力不从心时，我回想过去的成功。

自轻自贱时，我想想自己的目标。

告诉孩子，每一位名人与智者，都曾经悲观失望过，都曾痛苦沉沦过，可是他们都因拥有一个积极乐观的心境，而最终获得成功。享有"跳马冠军"美誉的桑兰，在最灿烂最辉煌的时刻，于几秒间由身手矫健变成了瘫痪。命运的多舛没有让桑兰低头，凭借自己顽强、乐观、坚强、勇敢的心态，活出了属于自己的灿烂生活，用她自己的行动和事迹感染了整个世界。

2. 让孩子有一个和谐的生物钟

很多人可能发现，睡眠不好的时候，更容易因为一点点小事情而发脾气。加州大学心理学教授罗伯特·塞伊认为：我们的情绪不仅与外界事物息息相关，它和我们身体内在的生物节奏也有关系，我们吃的食物、健康水平以及精力状况都会在一天中的任何时候影响我们的情绪。

匹兹堡大学医学中心的罗拉德·达尔教授的一项研究发现，睡眠不足对人的情绪影响极大，他说："对睡眠不足者而言，那些令人烦心的事更能左右他们的情绪。"所以，让孩子拥有一个充足的睡眠，得以抵抗负面情绪很重要。

3. 让孩子与大自然亲密接触

相信很多人都会有这样的体验，用眼疲劳之后，向远处眺望，凝视绿色几分钟后，眼睛会舒服得多。很多专家和学者都认为与大自然亲近有助于人们的心情愉快开朗。著名歌手弗·拉卡斯特说："每当我心情沮丧、抑郁时，我便去从事园林劳作，在与那些花草林木的接触中，我的不快之感也烟消云散了。"

经常带孩子去亲近大自然，让孩子在大自然的丰富和神奇中愉悦自己、追寻快乐。

4. 让孩子经常运动

经常运动是驱除不良情绪的有效手段。让孩子经常做些有氧运动，比如慢跑、游泳、打乒乓球，让孩子的大脑与孩子的身体一起深呼吸。

5. 让孩子饮食合理

索姆的《食物与情绪》中提道：要确保你心情愉快，你应养成一些好的饮食习惯。定时就餐（早餐尤其不能省），限制咖啡和糖的摄入（它们都可能使你过于激动），每天至少喝 6~8 杯水（脱水易使人疲劳）。所以，无论作为父母的你，工作有多繁忙，也一定要让孩子拥有合理健康的饮食。

法则 34　不要让孩子沉浸在物质享受中

★ ★ ★ ★ ★

现在的孩子，大多是在优越的家庭环境中长大的，给孩子吃好穿好玩好，接受最好的教育，已成为当今父母的共同心愿。这本无可厚非，但一些父母不能正确把握好尺度，哪怕自己并不富裕，也往往在生活中倾其所有，给予孩子最大的物质享受。还有的父母抱着"再穷也不能穷孩子"的观点，不愿意自己的孩子在物质上落后于别人，总是对自己的孩子有求必应，甚至超前为孩子装备好一切。

曾经有人问起幼儿园的孩子最爱谁，有的孩子说，他最爱爸爸，因为爸爸常给他买玩具；有的孩子说，她最爱妈妈，因为妈妈常给她买衣服；还有的孩子说，他最爱爷爷，因为爷爷常给他零花钱。正是因为长辈总是满足孩子"要风得风，要雨得雨"的各种要求，才导致孩子把金钱和物质当成了衡量长辈的爱的标准。

一些父母认为，在孩子身上花钱越多就是越爱孩子，花钱越多孩子就会越有出息。现在带着手机上学的小学生已经不是什么稀罕事了，有的孩子刚上初中父母便为其买了一套房子，父母还答应孩子如果能升入市重点高中，还会为他买一辆汽车。有位母亲为了庆祝女儿小学毕业，说是为了让女儿从小就见见世面，特意送给女儿一只价值近 2 万元的名牌手提包作为毕业礼物。这位母亲居然认为，只有让自己的女儿从小见世面，才能培养出高雅的气质。

靠物质上的富足来开阔孩子的视野，这种观念是错误的，它会让孩子变得只重视物质利益和个人利益，忽视他人利益。由于这些孩子要什么就有什么，物欲满足感扼杀了孩子的求知欲望，遇困难就低头、遇挫折就灰心，无欲无求、胸无大志、心灵空虚，孩子更不会在能力、才华等方面获得任何收获。

所以，父母在满足孩子的物质供应上，不能来得太容易太快，以物质刺激作为激励手段，让孩子沉浸于物质享受中。这样做不但给孩子的成长带来负面影响，也给社会带来了诸多不良影响。

孩子的一生不可能总是依赖于父母，最可让孩子依赖的只有知识、智慧和汗水，因此，孩子自己才是这个世界上最可靠最可依赖的人。父母与其为孩子留下财富，不如为孩子留下更多的知识，孩子不一定能守住财富，但可以用知识去创造新的财富。

不可否认，财富是宝贵的，但知识比财富更为宝贵。不要让孩子认为父母的钱就是自己的财富，不要认为物质就是一切。一个孩子精神上的贫穷，比他物质上的贫穷更可怕。人如果没有需求和追求，也就谈不上有快乐。只有让孩子通过努力获得想要的东西，他才有机会享受到获得它的喜悦。让孩子学会自强自立，给孩子一个创造的头脑，远比给孩子留一笔财富要有意义的多。

那么，父母应该如何让孩子远离物质享受呢？

1. 父母要培养孩子理性消费的习惯

孩子无节制的挥霍浪费绝不是好习惯，父母应该坚决杜绝。父母要让孩子学会理性消费，不能随便给他们钱而不加管制，让孩子学会正确花钱、正确算账，逐步养成他们良好的消费习惯。孩子的购买欲望往往很强烈，当孩子面对琳琅满目的广告、形形色色的促销，让孩子学会根据自身情况再三考虑是不是非要购买，还要让孩子学会对商品的价格、质量等方面进行一下比对。

在这个基础上，父母要教孩子学会比较不同品牌商品的性价比，告诉孩子哪些该买，哪些不该买，哪些买了划算。外界的诱惑很多，要让孩子理性面对诱惑，学会理性消费。要让孩子知道，无论是在贫穷的日子里节俭消费，还是在富裕的年代里理性消费，都不失为一种美德。

2. 让孩子了解父母赚钱的辛苦

喜欢大手大脚消费的孩子一定不理解大人的辛苦。让孩子知道，好生活是靠艰辛的劳动换来的，不经过艰辛的付出就不会有体面而有尊严的生活。父母可以告诉孩子，自己为了挣钱而忍受的辛苦和压力，或者把孩子带到自己工作的地方，让孩子体会父母工作的艰辛，认识到节俭是对父母的关爱。要让孩子正确认识到钱是父母的劳动成果，不是凭空掉下的馅饼，让孩子从小养成勤俭节约不挥霍浪费的好习惯，尊重父母的劳动成果。各位父母不妨学学下面这对父母的做法：

有一个男孩把每天向父母索要零花钱视为天经地义，因为父母从来都是对他有求必应，他丝毫不理解父母赚钱的辛苦。无奈的父母在一个朋友的建议下，开始当着儿子的面抱怨生活的艰辛。妻子对丈夫说："你的腰疼得这么厉害，肯定是你的腰椎间盘突出症又犯了，赶紧去医院检查一下吧。"

丈夫接过妻子的话茬说："看病要花很多钱，咱们住房贷款没还完，孩子还天天要钱，咱们哪有那么多钱啊？"

儿子听见父母的话，就再也不好意思张口要钱了。

3. 让孩子知道物质不是一切

父母要让孩子知道，人世间还有很多物质代替不了的东西：生病的时候，父母长辈时时刻刻的呵护是物质替代不了的亲情，遇到挫折沮丧的时候朋友一句安慰的话是物质替代不了的友情；遇到下雨天路人递上的雨伞是物质替代不了的感动……物质不是一切，物质替代不了尊敬、威望、智慧、忠诚，如果只为物质而活，将会迷失人生的方向。

不要让孩子沉浸在物质享受中，无论留给孩子多少物质财富都会有用完的那一天，而留给孩子一笔精神财富，他们将会受益终生。

法则 35　每个人只有 24 个小时

★ ★ ★ ★ ★

上帝是个很公平的家伙，它赋予每一个人都是 24 个小时。鲁迅说过，每个人每天得到的都是 24 小时，可是一天的时间给勤勉的人带来智慧和力量，给懒散的人只留下一片悔恨。

在孩子稚嫩的眼中，渴望长大，渴望超越时间，就像一位五年级小姑娘写的诗一样：

妈妈——

我什么时候才能长大？"

妈妈笑着没有回答

宝宝眨巴着眼睛——

"小鸟会叽喳蹦跳了，

小摘树会长小摘子了。

可我

却还要您来表。"

孩子远远没有意识到，时间是一种珍稀的不可再生资源。奥格•曼狄诺说过，时间是一切生命存在的形式之一。生命和时间，紧紧相依连，失去了时间，生命便成了虚幻，没有了生命，时间便丧失了意义。时间就是生命，节约时间就是延长寿命。父母要教会孩子珍惜时间，别让时间在懵懂中溜走，做时间的主人，教会孩子恰当地管理时间：

1. 让孩子懂得遵守时间规则

无规矩不成方圆。生活中，父母一方面要尊重孩子的选择，关注孩子的兴趣和需要，另一方面，也要明确地告诉孩子一定的规则。孩子想出去玩，父母可以对孩子这样说：你可以去玩"捉迷藏"，你也可以玩到天黑都不回家，但是，家里 18：00 开饭，过了开饭时间，再没有饭吃，想要零钱买零食吃，对不起，没有。如果孩子在晚饭过后还没有回家，那当孩子回来后哭着喊着要吃东西，父母也要狠下心肠不能答应。

这样可以让孩子知道，玩游戏是有时间限制的，不能一玩起来就天昏地暗。当然如果孩子对某方面感兴趣，父母应该适当鼓励，以增加孩子对感兴趣的事情所投入的时间。比如孩子对唱歌有兴趣，父母可以让孩子参加兴趣班，为孩子买一些相关方面的乐器来满足孩子的需要，以此来激励孩子的信心，让其有更多的时间投入到喜爱的事情中。

2. 让孩子制作一张适合自己的时间表

试着让孩子制作一张适合自己的时间表，里面可以包含一天的作息时间，比如几点起床，几点完成作业，几点参加娱乐活动。

制作的时候，父母应该尊重孩子的意见，一起商量制订适合的计划表，让孩子有发言权，不能横加干涉。这样才会大大调动孩子的积极性，在实施计划表的时候才会更严格要求自己。

3. 让孩子养成一些好的生活习惯

在生活中要常教育孩子不乱放东西，有序的生活有助于节省清理、打扫杂物的时间；让孩子别对着电视机吃饭，这样一来，非但对消化不好，而且还会无意中延长了吃饭的时间；有意培养孩子果断的判断力，做事不拖拖拉拉，处理问题不优柔寡断，果断的性格有助于节约出思考的时间来做更为有意义的事；告诫孩子要勤奋，所有的成功，都是给有所准备的人。良好的生活习惯，有助于孩子节省出一些无意识浪费的时间。

4. 让孩子有一个小记事本

试着让孩子拥有一个小记事本，记录下每天将要做的事，把事情分出轻重缓急、主次之分，确定优先次序，从最重要的事情开始做起。重要紧急的事马上做；其次是做重要而不紧急的事；紧急但不重要的事，要学会放弃，能放就放；对于不重要也不紧急的事，尽量不去做。

5. 今日事今日毕

孩子正处于成长阶段，控制能力自然不能与成人相比，所以他难免有偷懒、有撒娇耍赖的时候。这个时候，父母不应因为心疼孩子，而放任他们的要求，而是要明确告诉孩子：今天的事情，一定要今天做完，因为明天还有别的事情在等着你去做！

在众生万物生生不息的繁衍中，时间无疑是永恒的，时间也是最为公正无私的。每一个人，每天都拥有 24 个小时，它不为人们的喜爱而延长，也不为人们的厌倦而缩短。比起时间的长河，人类的一生是何其短暂，就像著名笑星小沈阳说的：人的一生，眼睛一闭，眼睛不睁，一生也就过去了。所以让父母和孩子一起，珍惜时间，从今天做起！

法则 36　与他人对抗不是个性

★ ★ ★ ★ ★

几乎所有的父母都希望自己的孩子循规蹈矩、乖巧听话，让他干什么就干什么，而且孩子的生活轨迹最好不要偏离自己为他设定的航道。然而父母会发现，总是事与愿违，不知道从什么时候起，自己的孩子变得不再听话了，不愿意遵从自己的指挥，事事都与自己对着干。父母说正，孩子偏说负；父母让他向东，孩子却偏向西，甚至有的孩子把反抗父母和他人当成个性，让父母无比头痛。

其实孩子有一点逆反心理，完全是正常现象，因为孩子虽小，却不是父母手中的面团，想怎么捏就怎么捏。孩子和成年人一样，是有血有肉、有情感、有个性、有独立人格、有自尊的人，而产生逆反心理是孩子的心理特点所决定的。孩子处在生长发育的不同阶段，有着不同的生理和心理特点，尤其到了青春期，除了个头的长高和身体的某些变化，孩子的自我意识正逐渐加强，不希望父母再把自己当小孩子看待，总想摆脱父母，喜欢自己的事情自己做主，为了表现自我，喜欢标新立异，常常做出一些令人注目的事，说出一些令人吃惊的话，和父母对着干变成了常出现的事情。

父母需要了解的是，孩子具有反抗性并不全是坏事，孩子的逆反心理往往是求异思维的结果，是孩子智慧的火花，创新的源泉，是成功的原动力。

虽然说孩子的逆反心理是孩子成长过程中的正常现象，但是如果逆反心理过于强烈，影响到了孩子的情绪和精神，对孩子也是有危害的，轻者会导致孩子出现多疑、不合群，严重者甚至还可能发展为犯罪，酿成惨痛的后果。

这时候父母千万不要刻意压制孩子，更不要放任孩子，应该因势利导，积极引导和帮助孩子顺利度过这段时期，这将会对孩子的心理健康和成才都大有益处。那么，父母应该怎么引导孩子度过反抗期呢？笔者建议从以下几个方面着手逐步去解决：

1. 分清孩子反抗的性质及原因

当发现孩子不像以前那么听话了，对父母的批评开始嗤之以鼻、不屑一顾，甚至公然无视父母的权威时，父母不要不问青红皂白地责骂，更不要操之过急，一味要求孩子服从你的领导。而是应该保持头脑冷静，认真分析孩子反抗的性质及原因，孩子究竟是因为追求自己的独立人格，还是为了反抗父母的"一言堂"作风。

如果是前者，父母应该对孩子予以肯定，并与孩子促膝谈心，引导孩子发展自己的判断力；如果是后者，父母应该勇于检讨自己的错误，从爱护、体谅的角度出发，和孩子一起研究改正错误的办法。这样才能消除孩子的对抗情绪，为健全人格的形成打下良好的基础。

2. 尊重孩子，不要随便刺激孩子

当孩子屡屡反抗父母时，你就应该反思一下，自己有没有以下这些行为："你怎么这么笨啊？这么简单的试卷居然只考了 90 分，你看看人家小明，回回都考100 分，你要能考 100 分，太阳就能从西边出来了！"

"考这么几分，我可没脸去给你开家长会，你爱让谁去谁去！"

"供你吃，供你穿，还反了你了，再不听话就揍你！"

……

其实很多时候，孩子的逆反心理都是被父母这么刺激出来的。孩子长期受到父母的冷嘲热讽、刻薄贬损，心理就会不平衡，口服心不服，久而久之，就会产生逆反心理，走向与父母对抗的道路。

所以父母在与孩子交流的时候，不要对孩子进行人身攻击，不要当着外人的面教训孩子，更不要因一件小事就对孩子进行全盘否定。父母要蹲下来，与孩子站在同一高度上，用尊重的语气而不是教训的语气说话，这样孩子才会尊重父母，才会变得"听话"。

3. 做受孩子欢迎的民主型家长

父母不要把自己的价值观强加给孩子，须知孩子也有认识世界的能力，对于孩子力所能及的事情要尽可能放手让他们独立去做，为孩子创造锻炼和成长的机会。

如果父母不认同孩子的意见，也要采取适当的干预形式，既不要漠不关心、放任自流，也不要粗暴干涉和一味说教，而要以交换意见的方式提出自己的建议，增加孩子对父母的顺应性。比如孩子想去参加同学聚会，父母可以对孩子说："如果你完成了作业，剩余的时间你可以自由支配，不过一定要注意安全，到了九点之前必须回家。"

这样既给了孩子自由，同时又有纪律的约束，父母还能取得孩子的尊敬和信赖。

4. 做孩子的朋友

父母要把孩子当成朋友，不要处处对孩子的一举一动指手画脚，非原则问题就装作看不见；不要忽视孩子的对话需求，当孩子要求和你谈心时，你一定要集中注意力听，用知心朋友的态度与孩子交流心得；不要在外人面前谈论孩子的隐私；必须批评孩子时，父母情绪不要激动，即使是拒绝孩子的不合理要求，态度也要平和；不要对孩子抱有成见，采取更科学、更宽容的方式去对待孩子，做孩子的朋友。

父母要主动与孩子接触、与孩子交流，在沟通过后，亲子之间也就多了一份理解。要克服孩子的反抗心理，不能让孩子仅局限在学校和家庭这个小天地里，而要让他们置身社会这个大圈子，以提高心理上的适应能力。要让孩子懂得，与父母和他人对抗并不能凸显你的个性，遇事多和父母、老师沟通，不要让盲目和不理智的情绪干扰自己、支配自己，提高自己辨别是非、善恶的能力，从而更好地适应社会，不致迷失方向。

法则 37 把孩子培养成千里马

★ ★ ★ ★ ★

可以说，每个孩子的身上都承载着父母的厚望。让孩子成材，成为一匹万里挑一的"千里马"，是每个做父母的心愿。每个孩子都是独一无二的，各有各的长处，也各有各的短处，要想让孩子的长处得以最大限度地发挥，父母唯有因材施教、扬长避短，才是孩子成材的必经之路。

在现实生活中，有很多父母不知道如何培养孩子，以为孩子只要好好学习就可以了。殊不知父母要想把孩子培养成材，培养成千里马，父母自己首先应是发现孩子独特才能的"伯乐"。父母要善于发现孩子的特长，放大孩子的优点，及时给予肯定和鼓励，使孩子的特长得以最好的发挥，才能使孩子成为一名独一无二的人才。在这个方面，笔者跟各位父母分享以下三点：

1. 父母应善于发现孩子的长处

父母和孩子朝夕相处，有利于发现孩子的某些天赋。孩子的某些天赋常常表现在他们对某一项活动强烈的兴趣。比如：有的孩子听到音乐的节奏响起，身体就会有节奏的自然摇摆，而且表现出非常愉悦的样子，说明这个孩子非常喜欢音乐或舞蹈；有的孩子一首歌曲听一遍就能哼出它的曲子来，而且唱歌时音调准确、音色优美，说明这个孩子有唱歌的天赋；有的孩子只听过一遍的故事很快就能声情并茂地复述出来，并能添加自己的情节，说明这个孩子很有文学创作的天赋；有的孩子特别喜欢顺手涂鸦，而且画出来的画形象逼真，说明这个孩子有绘画的天赋等。

千里马常有，而伯乐不常有。要想让孩子成为"千里马"，父母首先应成为独具慧眼的"伯乐"。任何一个孩子都是一匹潜在的"千里马"，只要父母平时注意观察孩子的一举一动，就能及时发现孩子的特长，并及时挖掘孩子的潜能，创造各种有利条件让孩子的特长得以最大发挥，让孩子把自己培养成一匹真正的"千里马"。

2. 父母如何引导孩子发挥特长

孩子的兴趣因人而异，有的喜欢弹琴，有的喜欢舞蹈，有的喜欢绘画，还有的喜欢运动，无论孩子有哪方面的兴趣，与他平时的生活环境是分不开的，当然，还得益于父母的正确引导。父母应如何引导孩子的兴趣呢？

其实非常简单，只要父母多鼓励、多表扬孩子，孩子就会树立信心，更加努力，就会做得更好。比如，当孩子在打羽毛球的时候，父母可以这样说："哦，孩子，你打得很不错，比一般小朋友技术都要好，不过呢我觉得你扣杀的技术好像还差那么一点点，来我陪着你再多练习练习，我相信你的水平能提高的。"这样孩子一定会不顾疲劳很感兴趣地再和你切磋一下，而且技术肯定会比刚才要好。

兴趣才是孩子最好的老师。朋友的女儿在 3 岁的时候就开始编故事了，她能将一堆风马牛不相及的东西联系到一起，还能不露痕迹地把这些没有关联的东西编进同一个故事里，听起来居然还挺像那么回事儿。

朋友也注意到了女儿的这种特别的才能，他想好好培养一下，没准孩子会成为一个出色的故事大王或者作家。于是女儿在编故事的时候，朋友总是放下手中正在做的事情，认真倾听女儿编的那些故事，而且还带着很多问题参与到女儿的故事情节中去，不断对女儿的故事提出很多新的问题，并引导女儿可以将故事的开头或者结尾编得再有趣一些，甚至荒诞一些，或者换一个完全不同的故事结尾。在这样的引导下，朋友女儿的特长得到了很好的锻炼，她越来越喜欢编故事了。

后来朋友帮女儿记下了她所编的几个很精彩的故事，在一些儿童故事刊物上发表了，而且还收到了稿费。这使得孩子编故事的劲头更足了。孩子渐渐长大，对编故事的兴趣依然很浓厚，上高中时就已经发表了大量的文学作品，这完全得益于她父母的正确引导。

3. 父母培养孩子的特长千万不要跟风

见别人都学什么就让孩子去学什么，这样培养孩子特长的方式，非常不利于孩子以后的工作和生活。可让孩子尽可能学一些自己感兴趣的东西，而不管是热门还是冷门，为了使孩子更特别，父母甚至可以让孩子学一些较冷门的东西。

比如，孩子对音乐比较感兴趣，父母完全可以引导孩子学习作曲；如果孩子对绘画感兴趣：父母完全可以让孩子学雕塑等，尽量不要人云亦云，跟别人学一样的东西。除非，孩子在这方面确实特别优秀、特别有天赋，否则，孩子要付出更多的努力，不然将很难在人群中脱颖而出。最讨巧的办法是引导孩子学习一个既感兴趣又冷门的专业，往往会起到事半功倍的效果。

放养你的孩子，让他想唱就唱，想跳就跳吧，只要父母好好引导，让孩子有特长、有特点，孩子就会把自己培养成"千里马"，在成才的道路上尽情驰骋！

第六章

社会准则：
一位合格"社会人"的功课

人既是自然的人也是社会的人。一个人一开始的大脑思维是一片空白，没有目标、没有定式，一切规律和规则都是在成长的过程中学会的。一个人不断地接受和学习，才使自己融入这个现实的社会。在社会这个大背景下生存，就需要让孩子了解社会法则和为人之道。

法则 38 不要挑战法律的底线

★ ★ ★ ★ ★

青少年时期是孩子成长中的重要阶段，也是人生观、价值观形成的关键时期。"没有规矩，不成方圆"，试想一下，如果全世界几十亿人口，人人都不受法律、法规的制约，想怎么样就怎么样，那么要不了多久，人类就会从这个地球上销声匿迹了。所以说，每一个人，无论成年人还是孩子，无论从事什么活动，都必须遵纪守法。只有人人都遵纪守法，人们才能自由的生存和正常的生活。

然而在日常生活中，有的孩子由于不知法、不懂法而犯法，使得青少年违法犯罪案件时有发生，严重影响了青少年的健康成长。父母只有从小教育孩子遵纪守法，才能让孩子健康成长，并成为明天的好青年、好公民，成为适应祖国需要的有用人才。这既是每位父母美好的愿望，也是整个社会所期待的结果。

"人之初，性本善"，究竟什么原因，使得这些原本单纯的孩子走上了犯罪道路？笔者分析了一下，不外乎下面几种原因：

1. 个体身心发展的不平衡

青少年时期，是人生中至为关键的一个时期，这个阶段的孩子有强烈的求知欲和好奇心，社会交往与人际交往增多，易接受暗示，遇事容易冲动，无社会阅历，辨别是非的能力较差，没有足够强的能力抵抗外部世界的干扰。如果父母没有从小对孩子进行法制方面的教育，孩子就容易受到不良言行的干扰和影响，就很可能走向违法犯罪的道路。

所以说，对孩子进行法制教育，既是社会发展的必然要求，又是家庭幸福生活和孩子健康成长的迫切需要。

2. 社会阴暗面的影响

随着信息化时代的到来，孩子接触到不良信息的机会也变得越来越多，尤其以暴力犯罪为主的"黑色"污染对孩子影响最大。网络本是科技发展的产物，是大家相互交流信息的媒介，却有少数不法分子利用网络传播色情和暴力，毒害孩子们单纯的心灵。

有些孩子为了上网不惜盗窃，从家里偷到社会上，更有一名小学生因为奶奶拒绝给他上网的钱，竟然将奶奶活活打死。此类青少年犯罪事件现在屡有出现，给父母敲响了警钟，对青少年遵纪守法教育已迫在眉睫，不容忽视。

3. 家庭不良因素的影响

家庭是孩子最早接触的空间，孩子就在这个空间里生活、成长，孩子能否在家庭这个环境中健康发展，与父母对孩子的教育引导有着密切的联系。很多父母不懂得如何教育孩子，对孩子百依百顺，根本无法约束孩子，对孩子进行遵纪守法的教育就更无从谈起，使孩子从小养成为所欲为的不良习性；有的父母自身就有违法乱纪现象，给孩子相当坏的影响；有的父母感情不和或者离异，使得孩子缺少家庭温暖，在处理人际关系时很容易发生攻击行为：以上的各种情况都有可能导致孩子走向违法犯罪的道路。

父母教育孩子遵纪守法虽说是当务之急，但如果父母只是一味采取空洞说教，引不起孩子的兴趣，就达不到预期的效果。父母如何做才是行之有效的教育，让孩子自觉遵纪守法呢？笔者建议父母可以从以下五个方面入手培养：

1. 让孩子在日常生活中学习遵守法律

父母要做有心人，注意结合日常生活中的一些具体事实，随时随地对孩子进行遵纪守法教育。

生活中，当孩子捡到一件自己十分心爱的东西，是交公还是归为己有？这两种思想就会在孩子的心里产生波动。父母要让孩子明白，捡到东西不交公是贪小便宜的行为，但是小的贪心不注意，就会造成大的贪心，甚至会演变成违法犯罪。父母要善于发现这些处于孩子萌芽状态的问题，并给予正确引导，使孩子的思想和行为向着正确的方向发展。

2. 父母以身作则，遵纪守法

父母以身作则，用遵纪守法好公民的形象影响自己的孩子，为孩子树立遵纪守法的好榜样。父母要带头学好法律、法规，并多通过生活的实例，使孩子多懂得一些法律常识，让孩子懂得哪些事情可以做，哪些事情不可以做，要让他们明白：小孩子犯法也要处罚。我国现行刑法第14条规定，已满14岁不满16岁的人，犯杀人、重伤、抢劫、放火、惯窃罪或其他严重破坏秩序罪者，要负刑事责任。

父母要在孩子面前树立一个榜样，一言一行、一举一动都要严格要求自己，孩子就会在良好家庭环境中健康成长。

3. 父母要与孩子一起多角度关注社会生活

可以和孩子一起看报纸、听广播、看电视等，通过媒体报道社会上遵纪守法和违法乱纪的正反例子教育孩子。这类直观、形象、生动的画面和故事，能直接感染孩子，使他们幼小的心灵受到震撼。

4. 经常关注孩子的生活

如父母没有给孩子零花钱，孩子却从外面买回了玩具，父母就应当追问钱的来源。孩子如果是贪小便宜做了错事父母千万不要放任孩子，这样会害了孩子。

父母还要密切关注孩子的交友。俗话说"住有好邻，行有好伴"，父母如果发现和孩子交往的小伙伴有行为不端者，要给孩子提出忠告，同时，还可将自己所了解的情况告知孩子所交友的父母，使其尽早教育自己的孩子。这样既为自己的孩子好，也为他人的孩子着想，这样才真正尽到了父母的责任。

5. 文明、有节制地上网

教育孩子远离网吧，不能单独进网吧玩游戏，要在父母的引导和督导下，有节制、健康文明上网，决不能因上网影响学习和正常生活。

父母要想真正提高孩子的法律意识，就必须从小抓起，不要让孩子挑战法律的底线。孩子就如成长中的小树，如果受到内外环境的影响弯曲了，可以设法矫正。孩子有了小缺点、小错误，只要及时教育并改正，就可以避免长大后犯大错误。

法则 39　尊重每一个人

★ ★ ★ ★ ★

中华民族是礼仪之邦，一个人是否有礼仪修养，不仅是衡量这个人为人处世的道德标准之一，也是衡量一个民族的文化层次和文明程度高低的重要标准。然而如今的人们似乎越来越缺乏礼仪修养，十字路口汽车和行人抢路的现象比比皆是，公共汽车上的老弱病残专座上坐着的却是年轻人，排队买票的队列里加塞现象屡禁不止，更可怕的是，这种现象已呈低龄化发展趋势。

现在的一些孩子，似乎缺少了最基本的文明礼仪修养，对长辈缺少应有的礼貌；随便给同学取侮辱性的外号，骂人吵架出口成"脏"；不遵守公共秩序；随父母赴宴时丝毫不顾及餐桌礼仪，一上菜就抢吃抢喝等现象并不少见。

而现在有些父母，把教育的重心放到抓智力教育上，忽视了文明礼仪的培养，有些父母甚至错误地认为，孩子懂不懂文明礼仪没有关系，只要孩子学习好，考上个好大学，在社会上就能混得开。但是，一个人如果连最起码的礼仪修养都没有，不懂得尊重父母、不知道尊重他人，没有一颗感恩的心，没有和他人团结协作的精神，那这个人即使再聪明，成绩再好，也很难在社会上立足，更谈不上成为有用之材。

在这个世界上，学会尊重他人是每个人应该具备的良好品质。人有职业分工的不同，但无贵贱之分，每个人都有他闪光的一面，也有他平凡的一面，不论是科学家、艺术家，还是普通的环卫工人，只要是劳动者，都值得人尊重。

普希金说过："尊重别人吧，这样会使别人快乐加倍，也能使人痛苦减半。"尊重他人就等于尊重了自己。尊重他人是一种崇高道德的表现，不一定是物质上的给予，可以是一次活动，一个动作，甚至一句话。

教育孩子要尊重别人，父母可以用这个故事作为典型的案例：

一名富商在美国的街头散步时，遇到一名穷困潦倒的年轻人在摆地摊卖旧书。富商看着年轻人啃着又冷又硬的面包在寒风中瑟瑟发抖，顿生怜悯之心，他从身上摸出零钱塞到年轻人手中，转身离去。然而没走出几步，富商又返身回来，从年轻人的地摊上选了两本书，并诚恳地对年轻人说："对不起，我忘记拿书了。您和我一样，其实都是商人！"

过了几年，富商在参加一个慈善募捐会时，有一位年轻人认出了他。年轻人紧紧握着富商的手，说："我一直以为我这一辈子也就是摆摆地摊的份，直到那次您跟我说，我和您一样都是商人。因为您的尊重，让我重拾自尊和信心，才有了今天的业绩……"

仅仅因为富商一句尊重鼓励的话，年轻人就有了后来人生的巨变，这一切都源于尊重的力量，尊重的力量是何其强大啊！

尊重他人是一种修养，是一种对他人人格与价值的充分肯定。对于某些方面不如自己的人，你没有资格用傲慢和不敬的话去伤害别人的自尊；假如自己某些方面比别人差一点，你也没有必要以自卑或嫉妒的心态去代替对他人应有的尊重。一个人只要真心尊重别人，别人就一定会用尊重回报你。

再来看看下面这个不懂得尊重人的反面教材：

在一个历史纪念馆的门口坚着一块禁止携带宠物入内的牌子，可一个中年妇女和她的儿子却非要带着一只小狗进纪念馆不可。保安伸手阻拦他们，并请中年妇女把小狗留在外边，中年妇女不听劝阻，保安又劝小男孩先把小狗放外面，小男孩也拒绝了。

无论保安如何解释，带小狗进入纪念馆是不尊重他人的行为，中年妇女都不加理会，还厌烦地挥手叫保安让开。由于保安很坚决地阻拦，中年妇女居然往纪念馆里闯，还用手推保安，小男孩也冲了上去，用小脚踢着保安嚷道："看门狗！滚开！"

游客们都看不下去了，纷纷谴责这对母子。中年妇女却骄横地说，纪念馆是她老公所在的集团捐建的，还说要让纪念馆的馆长辞退这名保安。可让人意想不到的是，这名保安居然是这个集团的老总。

当中年妇女知道后后悔不已，立即向这位"保安"道歉。"保安"语重心长地告诫小男孩说，无论以后多有钱，也要懂得尊重别人。

从这个故事可以看出，父母始终是孩子的模仿对象。要想让孩子懂得尊重他人，父母首先要以身作则，给孩子做出好的表率。一个有礼仪教养的人就像拥有一笔财富，如同握着一把人际交往的金钥匙，培养孩子良好的礼仪习惯要从小开始，从生活中的一点一滴开始，日积月累反复强化才能形成一种习惯。

应该如何培养孩子尊重他人呢？如何让孩子成为一个有礼仪教养的人呢？

父母首先要让孩子明白，每个人在人格上都是平等的，一个从内心里不尊重别人的人，不可能做出尊重别人的举动。

其次要在态度上尊重别人。比如见到长辈要主动打招呼，在公共汽车上主动给需要帮助的人让座，餐桌上注意礼让三先，排队时不能加塞；父母长辈说话、老师讲课、他人谈话时，应该双目直视对方的眼睛，注意倾听，不要左顾右盼，更不要跷起二郎腿，浑身乱晃。只有在态度上尊重别人，才能在行为习惯上尊重别人。

最后，理解他人的感受，不窥探他人隐私。与人相处时一定要顾及对方和周围人的感受，不炫耀、不自满、不自高自大，学会低调平等交流。与他人开玩笑一定要善意，千万不能伤人，不谈对方不愿涉及的话题，不揭对方的伤疤让对方难堪，不窥探并传播他人的隐私等。

让孩子学会尊重每一个人，只有真正学会尊重他人，才能获得别人的尊重，将来孩子的人生必定是成功的人生！

法则 40　每个人的肩上都挑着责任

★　★　★　★　★

责任感是每个孩子都应具备的重要品质，能使孩子的人格得以健全发展，对于孩子日后的成长非常重要。那么什么是责任感呢？通俗点说，就是尽心尽力尽责做好应该做的事情，这就是责任感。

但总有一些孩子责任感不强，在家事事靠父母，衣来伸手，饭来张口，在校无视课堂纪律，不按时完成作业……面对这样的孩子，父母往往无可奈何。

其实，孩子责任感不强错不全在孩子。孩子尚处于成长阶段，常常搞不清楚这样做对自己和他人到底有什么不利影响，根本无法真正理解责任感，缺乏责任感也很正常，孩子的责任感并不是与生俱来的，是靠父母、学校、社会的合力培养而逐步形成的。只有从小培养起对父母、对家庭、对社会的责任感，孩子才能自觉承担起应该承担的责任，长大以后才能立足于社会，获得事业的成功与家庭的幸福。

如何培养孩子的责任感呢？根据笔者的经验，可以从以下六个方面入手。

1. 让孩子养成做事持之以恒、善始善终的好习惯

很多孩子都缺少坚强的意志力，而这恰是培养孩子的责任感所需要的。孩子的好奇心都很强，什么都想去看看、去摸摸，但是随意性很强，做事要么虎头蛇尾，要么中途而废，很难坚持下去，这就是缺乏责任感的一种表现形式。

所以，父母交给孩子做的事情，哪怕是极小的事情，只要是孩子能力所及的

事情，就不能允许孩子中途随意放弃，要让孩子善始善终把事情做完做好才能结束。为了培养孩子养成做事持之以恒、善始善终的好习惯，父母可以在孩子完成事情的过程中采取检查、鼓励、督促以及评价机制，让孩子完成得更好。

2. 增强孩子对家庭的责任感

父母要大胆放手，让孩子积极地参与到家庭生活中来。父母不必对孩子隐瞒自己的难处，引导孩子发表自己的见解，让孩子感到家庭的美满幸福和自己也息息相关，这样孩子对家庭的责任感便会油然而生。

在日常生活中，家里的一些事情，父母都可以让孩子帮着出谋划策，积极采纳孩子的好建议并加以表扬；家里的家务活，父母和孩子也要有明确的分工，个人干好个人分内的事，父母决不能因为怕耽误孩子学习而大包大揽。在这样一种参与家庭生活的过程中，孩子的责任感就会与日俱增。

3. 让孩子为自己的过错买单

要想培养孩子的责任感，父母应当教育孩子勇于为自己的过错买单。不论孩子有什么样的过错，只要他具备承担责任的能力，就要让孩子对自己的不良行为负责。比如孩子损坏了别人的东西，父母就应让孩子自己去照价赔偿；孩子冲动之下打伤了别人，父母就应让孩子自己去登门道歉，并让他抽出一定的时问护理伤者。只有对自己的过错担负起一定的责任，孩子才会深刻地体会到，由于自己的原因，让别人受到很大的痛苦，以后再也不能任性、为所欲为了。这样，孩子自然而然地就培养起了责任感。

4. 父母做好孩子的表率

父母的一言一行对孩子的影响是巨大的，孩子往往会模仿父母的行为。一个对孩子、对家庭、对社会毫无责任感的家长，不可能培养出具有很强责任感的孩子。

有的父母为了自己省心把孩子交给老人抚养，一周才与孩子见上一面；有的父母工作时间跑回家做家务，不认真对待工作；有的父母不尊老，老人住院了也不去陪护，依旧在家享清福；有的父母缺少爱心，一遇到捐款等公益活动就寻找借口为自己开脱等不负责任的表现。在这样的父母的长期影响下，孩子就会去模仿父母的行为，就不可能培养出责任感。所以说，父母只有在生活中给孩子做好表率，才能更好地去影响和教育孩子。

5. 让孩子克服依赖思想

许多父母对孩子的关怀可以说是无微不至，孩子过着养尊处优的生活，几乎所有的应该自己做的事情全都由父母包办代替了，所有的责任都由父母承担了，孩子们只知道索取而不懂得付出，缺乏责任感。

因此，培养孩子的责任感，父母首先要停止对孩子的溺爱。孩子力所能及的事，父母要让孩子自己动手做，不要因为孩子小而随意剥夺了孩子为自己承担责任的机会。

从孩子日常生活的点点滴滴开始培养责任感。比如自己的玩具自己收拾，自己的床铺自己整理，家庭作业自己独立完成等。孩子的工作就是学习，学习是为了未来更好地工作，要让孩子从小养成良好的学习习惯，养成独立进行阅读和观察、独立作业、独立收拾文具等习惯。

要让孩子懂得生活、学习上的事是他自己的事，他完全有责任对自己负责，也有对自己负责的能力。只有让孩子自己的事情自己做，做得多了，做习惯了，孩子就没有了依赖思想，责任感也就自然而然地培养起来了。

总之，要让孩子明白，每个人的肩上都挑着责任。要培养孩子的责任感，父母不要操之过急，要做到循序渐进，逐步提高孩子承担责任的能力。按照孩子年龄段的特点，父母可以先从生活自理方面能力的培养开始，逐渐过渡到为家庭、为学校、为社会的责任感的培养。只要做到持之以恒，一抓到底，培养孩子的责任感也并非难事。

法则 41　学会关心周围的人

★ ★ ★ ★ ★

现在的孩子大多是独生子女，优越的生活条件和父母的百般宠爱，造就了孩子处处以自我为中心的思想，只会理所当然地享受父母和他人给予的关爱，根本想不到要关心别人。再加上现在的父母对孩子的教育重心几乎都倾向于智力方面，只关心孩子有没有一个好的学习成绩，却往往疏忽了对孩子进行关心他人等情商的教育。

于是，这样的情境便在日常生活中时时上演，且屡见不鲜。妈妈咽炎发作，声音嘶哑不能发声，而孩子仍然吵闹着要妈妈给他讲故事；父母找出孩子用不着的衣服、书包和文具，让孩子带到学校为灾区的小朋友献爱心，孩子脖子一梗说："我才不给他们呢，灾区的小朋友关我什么事啊？"；邻居奶奶在楼下犯病了，孩子视而不见，照旧玩自己的游戏……

孩子迟早要长大，要走上社会，想一想，如果一个人不关心父母、不关心他人，将来怎么能在社会上立足？请父母让孩子学会关爱周围的人，并让孩子明白，一个懂得关心他人、能与他人和谐相处的人，才会受到他人的欢迎，赢得他人的帮助和合作。

那么，如何才能让孩子学会关心周围的人呢？父母不妨从以下四个方面着手培养：

1. 父母要在孩子面前树立关心他人的榜样

俗话说，父母是孩子的一面镜子，父母的一言一行、一举一动在孩子的成长中起着重要作用。父母应该在孩子面前树立一个正面形象，因为父母所做的每一件事孩子都可能会去模仿。

父母不要在孩子面前议论他人的长短和是非；带着孩子一起去探视生病的亲朋好友，并给予积极帮助；逢年过节给老人买礼物时请孩子当参谋；出去旅游时不要只带孩子，还要带上双方老人，在享受天伦之乐的同时，让孩子知道凡事都要想着别人、关心他人，尤其是自己的长辈；在孩子面前积极带头并支持孩子为受灾群众捐款捐物等。

这种言传身教的教育方式，就是最好的家教，笔者有位朋友的教育方法值得各位父母借鉴。

朋友的母亲生病住院了，他只要去医院就会带着自己的儿子，而且经常当着儿子的面为母亲喂饭、洗脸、洗脚、按摩，询问母亲的感觉。

有一天，朋友受了风寒，夜里一个劲儿咳嗽，儿子听到后就跑到他的房间，关心地问："爸爸怎么了？要不要去医院看看。"朋友说不用去医院，家里有治咳嗽的药，儿子便亲自把药和开水送到爸爸面前。后来朋友说，其实他从来没教过儿子这样做，但是他为母亲做的一切儿子都看到了眼里，自然而然就学会了。

2. 营造互相关心的家庭氛围

可以想象，如果父母经常吵架，孩子时常处在一个仇视的环境里，又怎么可能主动去关心别人呢？所以家庭成员之间要互相关心，营造一份充满温情的家庭氛围，在潜移默化中培养孩子的爱心。比如，爸爸不在家时，妈妈切开一个西瓜，告诉孩子："爸爸工作很辛苦，天气这么热，我们先给爸爸留出一块来好不好？"

在带孩子购物的时候，父母可以和孩子商量一下："天气冷了，我们给奶奶和姥姥每人买一个暖手炉吧，那样手就不怕冷了。"

时间长了，孩子在耳濡目染之下，自然就学会了关心家人，从而开始关心他人。

3. 让孩子习惯与人分享

一般情况下，父母都宁肯亏了自己，也不愿亏自己的孩子，有好吃好玩的东西都是先让孩子享用。有时候孩子诚心诚意请父母一起分享美味，父母却坚决不肯，连象征性的分享也不肯，还说："爸爸妈妈都不喜欢吃，这是特意做给你吃的。"谢绝了孩子的一份好心。久而久之，孩子也就没有了与父母谦让与分享的意识。

其实当孩子能考虑父母，有关心人的迹象时，父母不应当拒绝，应该和孩子一起分享，成为与孩子分享的伙伴，并及时给予表扬："爸爸妈妈很高兴你有这样的表现。"

父母要鼓励孩子主动与他人交往，让孩子明白，每个人都需要别人的帮助，每个人也都尽量去帮助别人。鼓励孩子关心别的小朋友，与小朋友一起分享自己的玩具和课外书，与小朋友一起分享自己的零食，当同学忘记带文具时，主动把自己的文具借给同学。这样孩子在与他人的交往中，就会通过分享获得良好的同伴关系，而这正是良好的人际关系的开端。

父母还要教育孩子人与人之间没有富贵贫贱之分，对处于弱势的人尤其要关心、要帮助。父母可以像下面的这位父母那样，带孩子去福利院，让孩子体验到付出的快乐。

一对父母带着女儿去福利院。当女儿得知那些孩子都是孤儿和残疾儿童后，立即让爸爸拿出了为自己带的所有食品和玩具，当她看到那些孩子们在高兴地享用自己送给他们的礼物时，她感到非常快乐和满足。通过这个体验，孩子已经体会到了关心他人是一种高尚美好的品德。

4. 让孩子理解生活的不易

现在的父母总是怕孩子受委屈，不肯让孩子受一点挫折，尽管父母自己在生活中可能面临着不少困难，在工作中有很多压力，但父母总是竭力在孩子面前扮演一个强者的角色，以保护孩子不用过早地承受生活重担。其实这是错误的，父母不要刻意地在孩子面前去掩盖生活的艰辛，毕竟没有一个人的生活是一帆风顺，没有挫折的。只有让孩子从小学着和父母一起去分担生活的负担，或者只是让他了解一下父母的喜怒哀乐，理解并体会一下父母的不容易，这样孩子才会懂得珍惜现在来之不易的生活，才会主动关心父母、关心他人。

如果世界是一间小屋，关爱就是投射进小屋的一缕阳光；如果世界是一艘船，关爱就是掠过船帆的一袭顺风。放养你的孩子，只有让他在社会和生活中多加历练，他才能学会关心周围的人。

法则 42　忠于心中的原则

★　★　★　★　★

在瑞典一所学校的教室里，正进行着一场考试。试卷中有一道这样的阅读题：身为猎人的父亲一边教孩子狩猎的技巧，一边教儿子做人的道理。在这道题目的下方，有几道思考题要求学生回答。有个小男孩认为这是一篇很无聊的文章，因此拒绝回答后面的所有问题，他把原因写在题目后面，并请老师原谅。老师有些不高兴，同时又感到不解，于是问那个小男孩为什么觉得这篇文章无聊。

小男孩坦诚地说："因为狩猎是非法的，我们全家人都是动物保护组织的成员，而这篇文章写的却是狩猎。"

老师明白了，接着又问小男孩："我们只是想让同学们从文章中学到做人的道理，这和动物保护没有关系，你为什么拒绝回答问题呢？"

小男孩非常认真地回答："老师，您的观点是不对的。一个人要是连动物保护都做不到，还有什么资格谈论做人的道理呢？"

老师很无奈地说："这篇文章只是想通过一个故事给人们一点启示，你想得太复杂了。"

"不"，孩子坚定地说："我想得其实很简单，这篇文章触犯了我的原则。"

对于这个小男孩来说，保护动物就是他做人的原则，即便是老师的启发和诱导，也不能改变他的原则，这种品质是难能可贵的。

现实生活中，孩子常常会有这样的困惑，同样的一件事，父母会告诉自己这样做是正确的，老师会告诉自己那样做是正确的，而工作后才知道父母和老师的话都是错误的。在成长的历程中，孩子往往无可奈何地接受着来自各种渠道的指导，这些往往是冲突和矛盾的指导让孩子无所适从。当孩子决定要做些什么的时候，却发现自己已经不再那么坚信自己的判断了，就会发现要坚持做一件正确的事情并不容易，自己的思想往往会被他人的思想所左右。这都是因为一个人不能坚持原则和正确的观点所致。因此，要从小培养孩子坚持原则和正确的观点，就显得尤为重要。

人生活在社会中，就要受到各种规则的制约。没有规矩，不成方圆。没有了原则，也就失去了衡量对错的标准。对于孩子来说也是这样。父母要让孩子从小就懂得什么是对的，什么是错的，错的要立即去改正，对的则要坚持下去。

想让孩子养成坚持原则的习惯，需要父母从身边的小事一点一滴做起。比如带孩子去商场购物时，父母要事先和孩子约定只能买一件玩具，买了玩具就不能再买零食了；又比如，孩子喜欢玩游戏，父母就要和孩子之间形成约定，说好每天孩子能玩多长时间，如果还没完成作业就不能玩游戏。相信在这个约定的约束下，孩子会做得更好。

孩子的自制力往往很差，很多时候他们用哭作为武器，因为这样父母就会很容易向孩子妥协。在孩子有不合理要求的时候，父母一定要坚持自己的原则，不能依从孩子的无理要求。孩子发现父母坚持原则，自己哭闹也没有什么作用，以后就会自觉地遵守约定了。可是，往往有一部分父母看到孩子哭闹就妥协，放弃了自己的原则。这样的事情有了第一次，就会有第二次，到时父母再制定原则，就很难坚持下去了。

父母在教育孩子要遵守原则的同时，也要给孩子做好榜样。父母一定要带头遵守对孩子的约定，千万不能今天不让孩子这么做，明天忘了约定，就允许孩子做了。如此朝令夕改，孩子就会无所适从，不知道到底该不该遵守这个原则，还会觉得原则是可以随时更改的，遵守不遵守都没有关系。

要让孩子自觉养成坚持原则的习惯，父母带头和孩子共同遵守是非常必要的。当孩子没有做到的时候，父母就可以及时地指出，并让孩子接受适当的惩罚，这样孩子就能够明白哪些是能做的，哪些是不能做的，就会懂得生活中有很多原则必须坚持和遵守。

笔者的一位朋友在德国时，有一次与邻居全家一起外出野餐，邻居准备了很多可口的面包、水果、香肠当午餐。在孩子们跑出去玩耍之前，妈妈就告诉孩子们，到了用餐的时间他们必须回来吃饭，否则他们在下午回家之前将吃不到任何食物。然而孩子们都太贪玩了，自然就错过了午餐的时间。

后来，直到回家的途中，孩子们都一直饿着肚子，因为不管他们怎么哭喊，怎么抱怨肚子饿，邻居家的大人们都坚定立场，任由孩子们哭闹。

笔者的朋友看不下去了，从包里拿出几个面包要给孩子们吃，被邻居拒绝了。邻居说："如果我们这次没有坚持原则，那么以后孩子们就认识不到坚持原则的必要性了。孩子们长大后，就会理解我们的良苦用心，所以父母一定要坚持原则。"

在日常生活中，有时候孩子自己的判断会和大人的完全不一样，因为在孩子的眼里，觉得那样就是正确的。作为父母，只要孩子不犯原则性错误，就要尊重孩子，让孩子学会坚持自己的原则和正确的观点，忠于心中的原则。

法则 43　人要学着主动适应环境

★ ★ ★ ★ ★

适者生存，这是大自然的规律。生活在沙漠里的骆驼，平时用驼峰储存大量脂肪，在有需要时脂肪会分解成营养和水分。骆驼平时一次能喝下很多水，却几乎不出汗，每天只排很少的尿，这保证了骆驼体内始终有充足的水分，所以骆驼才能很好地适应沙漠的干旱环境。

一般的动物尚且如此，人类作为高级动物，应该能够为了生存更好地适应环境的变化。然而，现在的父母总是怕孩子吃苦受累、遭受挫折，不愿放手让孩子去适应环境。父母从小为孩子寻找环境好的幼儿园、质量好的学校；托关系让孩子进一个好班级；帮着去化解孩子和伙伴之间出现的矛盾；孩子毕业后又到处为孩子找高薪的工作，甚至有的父母因为担心孩子面试通不过，而亲自替孩子去面试。

如此种种，导致孩子处处以自我为中心，没有人际关系的协调能力，没有竞争力，适应环境的能力极差。然而孩子终究要离开父母，到陌生的地方去上学、工作和生活，总要和陌生人打交道，总要恋爱、结婚。不能适应环境的孩子，在社会的优胜劣汰中，注定要被淘汰。有这样一个故事：

鞋子还没问世的时候，人们都忍受着脚被扎、被磨的痛苦赤脚走路。有个国家的大臣把国王所有的房间都铺上了牛皮，国王走在上面感觉双脚很舒服，于是他下令把全国的路都铺上牛皮。然而根本没有足够多的牛皮。这时一个大臣建议国王用牛皮把脚包起来，国王一试，果然很舒服，于是鞋子就这样问世了。

把全国所有的道路都铺上牛皮，难度实在太大了，让国王改变自己的脚，则比把全国的路都铺上牛皮容易得多。父母应当静下心来想一想，即使是国王，也没有能力让周围的一切环境尽如自己所愿，何况还是我们普通人。

既然我们每一个人都无法选择环境，无法让环境为自己而改变，就应该让孩子学会主动去适应环境，让孩子无论将来在什么环境下生活，都能有勇气面对并生存下去。试想，全国的好学校、好班级、好老师的数量毕竟是有限的，总会有孩子进入一般的学校、普通的班级，受教于普通的老师。为什么我们的孩子就不能在普通的环境下生存呢？

要知道，就算父母能帮他一次、两次、三次，但是父母能帮孩子到什么时候呢？父母总有老的那一天，不可能也不应该一辈子为孩子遮风避雨，更不可能让孩子一辈子拥有最好的环境。父母要让孩子懂得，环境的变化发展不会以一个人的主观意志为转移，更不会一直在习惯的生活轨道上得过且过。

既然一个人改变不了生存的环境，那就要让孩子学会生存之道。父母能够做的，是让孩子从小学会主动去适应环境，当孩子将来步入社会后，才能对复杂多变的社会环境有较强的适应能力，并与自己生存的环境和谐共存。

首先，父母不要过于溺爱孩子，无论大小事务都替孩子大包大揽，使孩子缺乏独立动手解决问题的能力，剥夺了孩子尝试和锻炼的机会。父母的溺爱还会使孩子过于以自我为中心，不知道如何与人正确交往。父母应放手让孩子做事，锻炼孩子解决问题的能力。

其次，父母要让孩子改变观念，不要期待环境为你而变，而是要主动改变自己来适应环境。当孩子需要面对陌生的环境、陌生的人和事时，父母应当给孩子这样一个印象：人人都要面对陌生环境、陌生的人和事，这其实没有什么可怕的。要积极适应新的环境，积极面对并尽力解决新环境中可能出现的困难。

比如，孩子刚进入新学校时，父母不必亲自带孩子去认识教室、同学、帮孩子找座位、整理书包，请同学和老师关心照顾自己的孩子，只需给孩子做足够的适应新环境的思想准备，告诉孩子在学校能认识很多同学和老师，能学到很多新知识就可以了。同时，还要让孩子知道，适应新的环境需要一个过程，与其抱怨，不如努力去适应。

父母的言行潜移默化地影响着孩子的适应能力。父母不担心，孩子才不会感到紧张和无所适从。孩子将会自己去适应新的环境，认准自己的教室、座位，记住老师和同学的名字，忘带文具懂得找同学借，遇到不会的事情时知道如何向老师咨询。只有这样，孩子才能很快适应学校的新环境，融入到班级集体生活中去。

再次，父母不要过分干预孩子的人际交往。孩子只有融入了集体环境，通过与别的孩子打交道才能学会调整自己在群体中的角色，学会如何和人交往、交流情感、增进理解，学会主动与人交谈，学会尊重和包容他人，学会如何面对压力、对抗挫折，学会如何在竞争中立于不败之地。

有时，孩子在交往中可能会表现出迁就、顺从他人的行为，父母为此不高兴，总感到孩子受了委屈，于是出面干涉孩子的交往行为。父母的这种行为会让孩子丧失与人交往的热情和自信。因此，父母不要过分干预孩子间的交往，只需积极主动地引导，为孩子提供足够的交往机会即可。

父母更要以身作则，培养孩子良好的人际交往能力。一旦孩子有了足够的适应环境的能力，生活、工作和社交的能力就会增强，既能经受住挫折的考验，也能够牢牢把握住机遇，拥有相当的竞争力。而缺乏适应环境能力的孩子往往在挫折面前软弱无力，在机遇面前无法把握得住，很少有进取、拼搏、奋斗的精神，从而悲观失望，放弃了该做的努力，得过且过，在平庸中度过自己的一生。

人生之路蜿蜒曲折，但世界不会为谁而改变，环境也不会主动去迁就任何人，我们必须学会适应环境。生活在荒郊野岭，就得适应荒凉和寂寞；生活在城市，就得适应噪声和拥挤。放养你的孩子，只有让孩子主动学会去适应环境，掌握生存的本领，才能披荆斩棘，勇往直前，到达光辉的顶点。

第七章

智力培养：
顺其自然，让孩子爱学习

在"唯分数是从"的残酷现实下，很多人肤浅地把分数当做智力的全部，这是智慧的父母应该避免的"误区"。当代社会的竞争绝不仅仅只是成绩的较量，父母应该有高瞻远瞩的目光，培养一个爱学习的孩子，而不单单只是学习好的孩子。

法则 44　别把分数当成孩子的"命"

★　★　★　★　★

　　在学校里，老师把孩子们的成绩看得很重要，父母也就随之把分数看成了孩子的命，其实这是一种片面的想法。可以说，很多父母不注意这一点，都走入了教育的误区。

　　其实，社会是最好的学校，分数并不是最重要的东西，孩子们需要学习的东西更多地是来自于生活。

　　在美国，很多父母都注重实践。他们并不会把分数当做孩子生活中唯一重要的内容。美国的数学教学也十分重视实践，很多的时候，老师把生活用品作为教学中所用的事例，让孩子提前接触到社会，增长实际知识。

　　比如说，在教数学的时候，我国的课本中经常有这样的一个练习题："永丰水泵厂计划 25 天制造 1575 台水泵，实际每天多制造 12 台。照这样算，完成原定生产任务可少用多少天？"而在实际生活中，孩子对此没有多少实际的概念。虽然孩子可以顺利地解答出这道习题，但是他们却不知道一千克的东西会有多重。

　　在美国，多数的小学五年级学生不知道什么是小数，他们甚至还在练习 12 以内的乘除法，这对于中国的小学生来说简直就是"小意思"。但是如果问美国的学生 10 个苹果大约有多重，恐怕他们脱口就能回答，中国的学生却未必有这个水平。

　　美国也有数学竞赛，但是他们的竞赛和中国绝对不同。比赛中，大家不是埋头做试卷，主要的内容是在玩游戏。比赛现场像集市那样摆着许多摊位，每个摊位上摆放着不同类型的数学游戏，如果把游戏的答案做出来，就能获得奖品。工作人员向参赛的人介绍说："一项游戏完成之后，我们会奖励你一个粘粘纸，当你一共获得 5 个粘粘纸时，就可以拿着这些奖品去换一张优惠券。"

他们的数学课也和中国的不同。数学老师 Toulon 女士讲课的时候，把许多食品放到办公桌上。

"请每一位同学都来我的办公桌上取一件东西。"等学生们都按照 Toulon 老师的要求做了之后，她又从盒子里取出一张书签，问道："Sany，你的面包有多重？你可以想办法搞清楚这个问题吗？"

"我的面包是 12 盎司，约 340 克。"Sany 回答说，因为她学会了如何去看包装盒上标识的物品重量。

接着，孩子们一一对自己取走的物品做了解说。老师接着讲了美国的计量单位，介绍了每个单位之间的进率。很快，这节课讲完了。老师开始留作业："为什么一大袋膨化薯片比一小块金属要轻得多？请解释原因。"

从上面的这个例子中，可以看出，美国的教育比较注重实践。孩子的分数固然很重要，但是社会实践和教育也很关键。当孩子缺乏这方面能力的时候，就会在从学校到社会的过渡过程中受到打击，缺乏必要的心理准备。学校里的教育只能满足孩子们对于阅读写作、数学能力及一些基础知识的教导。而孩子还需要掌握和懂得许多生活上的知识。那么父母应该怎么做呢？

首先，父母不要过分注意孩子的分数。孩子考试失败的原因是多方面的，不要因为一次考试失败就说明孩子没有好好学习。来看看下面这个案例中桐桐的妈妈是怎么做的吧。

桐桐在考试结束之后打电话跟妈妈说："妈妈，我的这次英语考试超级垃圾。"妈妈一听，并没有训她，只是和蔼地问："能不能对我说说，为什么成绩超级垃圾呢？"

桐桐沉默了一会儿，说道："妈妈，我只考了 63 分。"妈妈听了很难过，她没有说话，但是脑子里却在飞快地想："我要怎样才能帮助孩子摆脱这个困境，提高孩子的英语成绩呢？"就在妈妈想这个问题的时候，孩子开始哭了起来。

妈妈安慰她说："孩子，你已经考及格了，这就很不错了，说明你已经很努力了。现在我们要做的事情就是把卷子上的答案改过来，把那些错误订正。"

桐桐停止了哭泣，回答妈妈："好的，我现在就去做。"很快，桐桐从沮丧中走了出来，在第二次考试中取得了好成绩。

从上面的故事中可以看出，这位妈妈也很在意孩子的成绩，但是她不会把这个当成是对孩子唯一的要求。她关注的是孩子能不能从考试失利的阴影中顺利地走出来。

孩子的分数固然重要，但是孩子的心态更为重要。分数只能代表这一次考试的结果，但是心态会影响到孩子今后的生活态度。很多时候，父母无法决定孩子的成绩，却可以培养孩子正确的态度。树立一个平和的心态远比考试得了 100 分要重要。

满分是一个极限，很多孩子并不可能达到要求。父母过分重视分数，只会让孩子不断地失落与内疚。因此，可以说分数并不是最重要的。让孩子找到学习的乐趣，懂得如何去学习，拥有一个健康的心理状态是最重要的。那么，父母对于分数应该持什么样的态度呢？

首先，不要因为孩子的成绩不好就否认了孩子的努力。要看到孩子在成绩之外的努力。成绩不好，并不是意味着孩子没有付出努力。

第二，要注重孩子社会生活能力的培养。书本上的知识很重要，但是社会知识也十分关键，父母不要把精力只放在分数上，而忽视了对孩子生活能力、动手能力的培养。

第三，要注重对孩子的品德培养。要注意提高孩子的素质，让孩子有一个健康的心理状态，让孩子遇到挫折时有一定的心理承受能力。

第四，给孩子适当的解释权。当孩子考试分数不理想的时候，要帮孩子一起分析原因，而不是粗暴地加以指责，这样做不但没有效果，还会伤及孩子的自尊心。再一个，父母要指出孩子的错误，并进行提醒，帮助孩子认识到自己的差距在哪里。

只要父母注意做到以上几点，不再以分数作为衡量孩子的唯一标准，就会发现其实自己的孩子并没有想象中那么差，相反，他们会在父母期待的目光中变得更加优秀。

法则 45　不辅导孩子做作业

★ ★ ★ ★ ★

在大自然形形色色的物种进化过程中，人类在培养后代上所做的努力，是所有生物都难以做到的。没有一类生物，会把后代培养到 18 岁才放手 (有的父母甚至不曾放过手)，也没有一类生物的教育可以涵盖衣食住行。

老师为了让学生在练习过程中巩固所学到的知识，往往会布置一定的家庭作业，这是教学中不可缺少的一个环节。而我们父母面对这一教学内容，所采取的措施通常就是辅导孩子做作业。来看看父母都是如何辅导孩子的：

1. 一丝不苟监视型

很多父母在辅导孩子做作业的时候，一直坐在旁边盯着孩子做，孩子一有什么小动作，就提醒孩子不要三心二意；发现孩子的写字姿势不正确，马上纠正；看到孩子写的字潦草，马上纠正；觉得孩子做作业马虎，马上纠正；这样的"陪读"，会让孩子的精神高度紧张，非常不利于孩子学习。

2. 指指点点型

这类父母在孩子做作业的过程中，一发现孩子有什么问题不会做，或者是哪道题做错了，就会像个纠察员一样，马上指出，并滔滔不绝地讲述解答过程，给出正确答案，生怕遗落了什么细节。这样的辅导，会使孩子思考的思路中断，阻碍孩子独立思维能力的发展。

3. 完全代替型

有些父母心疼孩子一天到晚在学校学习，放学后还要做那么多家庭作业，于是干脆替孩子做作业。然而，老师布置这些作业都是有针对性的，有些是为了让孩子巩固某些基础的知识点，有些则是拔高训练，父母"一替了之"的做法，往轻里说，是削弱了孩子知识的根基，往重里说，就是掐断了孩子发展的生命线。

4. 恶语中伤型

有些父母在辅导孩子做作业时，非常容易以成人的标准去衡量孩子，发现孩子碰到什么问题、或是不会做某些题，就大发脾气，出言中伤。

这么简单你都不会做，在学校都学些什么啊？"

"你怎么那么笨，这都不会？"

这样中伤的话，极容易刺伤孩子的自尊心，使得有些孩子甚至一提起做作业就害怕。

5. 互联网依赖型

现今社会进步了，最典型的就是信息的渠道更丰富多彩了。很多父母在辅导孩子做作业时，说得最多的一句话就是："上网查去！"

如今，利用网络来完成家庭作业的孩子大有人在。这样的做法，会让孩子习惯这样的偷懒方式，一有难题就找互联网，缺乏自主学习与思考的能力。

"望子成龙，望女成凤"是很多父母的心态，每一位父母都希望自己的孩子能取得优良的成绩，养成良好的学习习惯。为达到这个目标，父母很乐意让老师给孩子布置大量的家庭作业，也会很乐意陪在孩子身边，与孩子一起顺利、高效地完成这些作业。

但是，父母往往忽略了孩子内心真实的心声。著名教育家斯卡纳金曾说过："如果孩子没有学习愿望的话，我们的一切想法、方案、设想都将化为灰烬，变成木乃伊。"

孩子才是学习的主体，要让孩子的学习实现高效率、高质量，光靠父母施加的外在压力是远远不行的。父母必须高度重视孩子作为学习主体的积极性，创设自由、宽松、和谐的家庭学习气氛，引导孩子主动地学习，变"被动学习"为"自主学习"，变"要我学"为"我要学"。

而要达到这样的效果，父母应该做出的唯一努力，就是不辅导孩子做作业，让孩子学会在课堂上向老师和同学求助。以下提供一些行之有效的方法，供各位父母参考：

1. 把自主权还给孩子

孩子从抄作业题目、规划如何完成作业，到完成作业都有一套自己的思维流程。比如，语文、数学、英语三门课都有作业。父母可能会建议孩子先做语文，因为语文比较简单；再做数学，以便发散一下思维；最后做英语，因为英语要放多点时间来学习，英语很重要。

但孩子会根据自己的理解来决定先做哪一门，后做哪一门。比如说，孩子认为英语课没有新知识点，要先完成；数学课讲了三个新知识点，要最后再做，好全力解决。

2. 放手让孩子自己去思考

很多父母反映，孩子不懂的东西太多，不进行辅导是不行的。但是，孩子在学习的道路上碰到一些"拦路虎"，是在所难免的。没有人是全能型人才，也很少有人是百事通，更何况是还没有人世经验与生活经验的学生——学生，本身就是处于学习"生"的东西的阶段。

当孩子遇到困难的时候，父母不要"皇帝不急太监急"，直接给出答案，而是要巧妙地引导孩子自己去思考答案。很多父母都习惯于帮助孩子解答疑惑和难题、帮助订正错误，甚至梳理知识点、带领预习等，可长期在这样的家庭教育下，孩子会渐渐形成依赖的心理，丧失了独立思考的能力。父母应该放手，让孩子自己去思考，让孩子形成自己的思考逻辑，让孩子将来在社会上表现得更睿智。

3. 让孩子自己控制时间

很多父母反映，孩子的成绩、性格都很好，就是做作业很拖拉。如果父母在一旁，他就做得有条不紊；如果让他自己做，他要么开小差，要么玩一会儿，总是拖拖拉拉的。无疑，父母都是用心良苦的，一直在孩子身边陪着做作业，这需要很大的毅力。可正是因为父母坚强有力的陪伴，让孩子像上了发条一样，不用自己思考，不用自己管理时间。一旦孩子自由了，他就不知道怎么打理自己时间了。

父母正确的教育方式应该是放养式。孩子开了一会小差儿，玩了一会儿，也许是因为他累了，父母应该充分尊重他。如果孩子的确是因为贪玩而没有完成作业——放心吧，到了学校，他没有办法向老师交代，会有老师来教育他。

在孩子的教育上，父母应该把精力放在这样几个方面：让孩子养成良好的学习习惯，科学的学习方法，譬如怎样审题、怎样思考判断；还可经常介绍一些各科的学习方法，介绍名人的学习方法；或者为孩子购买一些关于学习方法方面的书籍。这样，才能尽到父母的一份力。

法则 46　让孩子学会给自己立规矩

★ ★ ★ ★ ★

孩子稚嫩的心灵有如沃野千里，在这里播种一枚"思想"的种子，就能收获相应的"行为"，播种了"行为"，便会收获"习惯"，播种了"习惯"，便会生成代表命运的"性格"。无法预测良好的习惯对一个人的人生有多么重要，习惯是一种高储能，"良好的习惯乃是人在其神经系统中存放的道德资本，这个资本在不断地增值，而人在整个一生中就享受着它的利息"。那些有着良好习惯的人，总会收获一个美好的人生。

著名的教育家叶圣陶曾说过，教育就是要养成良好的行为习惯。美国作家杰克·霍吉在《习惯的力量》一书中也提到过，行为变成了习惯，习惯养成了性格，性格决定命运。

父母在培养孩子的过程中，要清楚学习成绩的竞争，实际上就是学习习惯的比赛。要让孩子学会给自己立规矩，让孩子养成自学和自律的习惯。

中小学阶段是青少年生理和心理急剧发育与变化的重要时期，也是他们增长知识、形成良好道德品质、接受行为习惯养成教育的最佳时期。父母应巧妙引导孩子在生活中自己给自己立规矩：

1. 让孩子习惯思考

世界上很多的富豪都是犹太人。有人说这是因为犹太人做生意技高一筹，可依笔者看，并不见得。这是基于犹太人的教育方式，在每一个犹太人的儿童时期，他就经常被父母和老师鼓励提问题。

每一位犹太妇女，在孩子进家门时的第一件事，就是询问孩子："你今天向老师提问题了吗?"孩子的问题说得上千奇百怪：为什么我的泡泡糖不能换你的小汽车？为什么树叶有绿的也有黄的？为什么鱼是用鳃呼吸，不是用鼻子呼吸呢？鱼的鼻子在哪里呢？犹太人认为，思考正是求得知识的开始。

2. 让孩子与书为伴

前苏联教育家苏霍姆林斯基说过，让孩子变聪明的办法不是让孩子补课，不是让孩子增加作业，而是阅读、再阅读。只有胸中书万卷，才能下笔如有神。父母在孩子小的时候就要培养他的阅读习惯，孩子的书可以是有漂亮插图的幼儿画报、简单易懂的科普读物，也可以是童话、小说、散文、历史故事等。只有拥有良好的阅读习惯、宽广的知识面，孩子才能培养起自学能力，为今后的学习打下良好的基础。

有朋友对笔者说，她喜欢读经典著作，因为那些经典的书会让她成为经典的人，拥有经典的人生。一本好书的影响力是不可估量的，它能培养孩子阅读的兴趣，帮助他们养成良好的阅读习惯，推动他们的审美能力、观察力、想象力、知识的转换能力和语言表达能力的发展。所以，父母要让孩子好读书，读好书。

3. 让孩子学会自律

现今的孩子生活在一个大千世界里，面对的是具有极大诱惑力的形形色色的新生事物。怎样培养、提局孩子的自律性，这是负责任的父母都应该认真考虑的问题。成功培养孩子的自律性，其实就是让孩子赢在起跑线上。

唐朝诗人张九龄说："不能自律，何以正人？"所谓自律，就是遵循法度，自加约束。培养孩子自律的好习惯，能让孩子在社会这条路上走得更稳。

4. 让孩子自觉学习

很多父母习惯于辅导孩子做作业，其中一个重要原因是要督促孩子学习，让孩子改掉懒散的学习习惯。事实上，父母的正确做法，恰恰是不辅导孩子做作业，让孩子自己来学。

如何让这些规矩在孩子的生活中有序地运作起来？对此，笔者有如下建议：

1. 告诉孩子坚持的力量

"一日一钱，千日一千；绳锯木断，水滴石穿。"只要用心坚持，再细微之力也可以办到难办的事。

著名教育改革家魏书生说过，同样的事重复72次就可形成定式。有一位教师因为受到魏书生写作的影响，于是开始每天写命题日记。不到一个月这位教师开始觉得，写日记就像每天穿衣吃饭一样，是一种基本需要。有时候因为外出没有写日记，便会感觉心里缺了什么似的，再忙也要抽空补上。

孩子也许会给自己制定很多规矩，可是在执行的时候却是三分钟热度，所以父母应该督促孩子坚持守住自己立的规矩。

2. 让孩子第一时间给自己立规矩

有一位诺贝尔奖得主曾说过，对他产生深远影响的教育是在幼儿园。他在幼儿园学到了饭前洗手、做错事要道歉、不是自己的东西不要拿等小规矩。他认为，这些小规矩成就了他非凡的一生。

正因为人在"规矩"下所形成的习惯有着巨大的惯性，所以，培养孩子自觉自律的行为越早越好。比如说，孩子的地方口音很浓，父母虽然给孩子制订了改掉乡音的养成规划，如让孩子在家里说普通话，每天朗诵一篇文章等，可是因为孩子太小，难以执行，时间一长，父母放松了管理，孩子也乐得自由。这时，父母每天听孩子带有乡音的普通话听习惯了，觉得无所谓了，于是孩子的口音就变得顽固了。

3. 父母要以身作则，言传身教

一位父亲刚引导孩子自己立下了"做作业不拖拖拉拉"的规矩，而且让孩子作出保证，作业完成之后才能看电视。可这位父亲在让孩子做作业的同时，自己却在客厅里看最喜欢的足球比赛。孩子一方面难以抗拒电视的诱惑，一方面觉得很不公平——为什么自己做作业，爸爸却可以看电视？一怒之下，孩子弃作业不顾，自己也看电视去了。

父母自己看电视，却让孩子做作业，这不仅容易引起孩子的反感，而且也影响孩子的学习。这里并不是说孩子做作业父母不可以看电视，最起码父母可以做得隐蔽点，最好是父母自己也静下来，拿起书来阅读。

4. 给孩子百倍的夸奖

相信很多父母都听说过这样一句谚语：数落子千过，莫如夸子一长。父母要赏识孩子，要善于在生活中发现孩子的闪光点。父母与其纠缠在孩子的错事上，没完没了地批评孩子，让孩子压抑自己，不如适时地给予表扬，为孩子每一点细小的进步给孩子鼓掌，为孩子的每一次跨越而喝彩！一个优秀乐观积极向上的孩子不是打骂出来的，而是夸出来的。

让孩子学会给自己立规矩，愿每一个孩子都能在学习的航道上顺利起飞！

法则 47　不要盲目报兴趣班

★ ★ ★ ★ ★

随着社会持续向前发展，它对孩子的整体素质和社会竞争力的要求也越来越高。为了让孩子更好地适应社会，很多父母积极为孩子报名参加形形色色的特长班、兴趣班。父母始终执著地相信，让孩子上形形色色的特长班和兴趣班，总会让孩子拥有某种特长。可是，父母却不愿意考虑，特长班、兴趣班带来的影响是多方面的。

网上曾爆出这样一则新闻：有一个 9 岁的女孩因为不愿意上兴趣班，而与父母签下协议，保证自己长大后不会因为没有特长而埋怨父母。这位小女孩之所以会签下这样的协议，是因为在 3 年的时间里，她总共学了六门才艺，可是却没有一样精通。她对父母这样的安排感到十分厌烦，所以根本不好好学，到后来甚至就再也学不下去了。

父母之所以积极地送孩子上兴趣班，主要有以下几个方面的原因：一是父母重视孩子的教育问题。计划生育政策使得如今的父母对孩子的心理期望普遍比较高，总希望自己的孩子在各个方面都发展得比较好，希望孩子多受一些教育，不要落在别人的后边。

再一个，现在父母的经济状况和过去相比好很多，已经完全可以负担起兴趣班的各种费用。于是，很多父母都会这样想：既然花得起钱了，更不能让孩子输在起跑线上，要为孩子多积累一些竞争的本钱，要让孩子将来光宗耀祖……

基于以上的原因，很多父母会为孩子同时报几个兴趣班，把孩子的双休日排得满满当当的。如果孩子没有参与兴趣班的学习，父母会觉得自己的孩子已经低人一等，于是父母很容易盲目跟风，或者没有根据地让孩子参加兴趣班。

其实，盲目报兴趣班，会对孩子造成多种伤害：

1. 会加重孩子基础课程学习的负担

孩子上学后，各种铺天盖地的兴趣特长班会给孩子造成巨大的生理和心理负担。对课堂上老师讲的知识点，孩子还没有掌握，回到家里也没有时间练习和巩固，就一头扎进兴趣班里。这样无疑会增加孩子基础课程学习的负担。

2. 孩子累，家长更累

现在很多父母不仅热衷于送孩子上各种各样的兴趣班，甚至同时给孩子报几个兴趣班。每逢周六、周日或者寒暑假，孩子没有了假期，家长更是没有了休息时间，与孩子一起奔波于各种兴趣班之间。父母总是认为，为孩子做奉献是天经地义的，就算辛苦，就算劳累，但因为心中有期待，所以也能乐在其中。可是孩子却会单方面地认为，这些无疑是一道道的枷锁，是负担，既苦不堪言又让人无法承受。

有时，父母为了孩子忙得焦头烂额、心力交瘁，可孩子还高喊："还我时间，还我自由！"似乎对父母的付出毫不领情。每当学校开家长会，老师听得最多的一句就是：现在的孩子真是不知道珍惜，我们累死累活挣几个钱全给他们报了兴趣班，他们还不愿意去。而孩子却和好朋友在私下里抱怨：我很喜欢钢琴，可妈妈偏让我学画画，烦死人了……

3. 淡漠了亲子感情

孩子与父母之间的交流沟通变得模式化了，父母日复一日地问：今天老师讲了什么内容？你的那只曲子弹出来了吗？英语成绩考得怎么样？而孩子的回答则是：英语讲了现在进行时的语法；能整曲弹奏了；英语考了 85 分……

父母忙着赚钱给孩子交兴趣班的学费，孩子则每天奔波于各种兴趣班之间。由于父母无暇顾及孩子，极大地忽略了孩子的身心需要，使父母和孩子之间的感情更加淡漠。

4. 剥夺了孩子的自由

繁忙的兴趣班霸占了孩子宝贵的周末，而周末应该是孩子最轻松的时刻——他们本该可以和父母去公园玩，可以看自己喜欢的动画片，可以和小朋友们一起玩游戏……

小孩子生来好动，是以游戏为生命。鲁迅先生也说过，游戏是儿童的天性。可是，兴趣班的学习往往让孩子忙得喘不过气来，更别提游戏了。事实证明，过多的兴趣班不但剥夺了孩子们自由活动的空间，也会导致孩子们感觉到身心疲惫、不开心、不快乐。

5. "定向"培养，抑制了孩子的兴趣

著名钢琴家郎朗一次采访中回忆儿童时期学钢琴的经历，他说，父亲当年为了监督他好好学钢琴，曾说过"不学就去喝毒药，去跳楼"之类极端的话。不可否认，郎朗是个幸运儿，自己的兴趣能够得到培养，最终还把它发展成自己的职业，取得了很大的成就。但是，幸运儿的名额毕竟太少。在一个成功的郎朗背后，人们更为熟悉的是千千万万因为被父母强迫着练琴的压抑的孩子们。更多的孩子可能即使上兴趣班仍无法获得很高的成就，反而挫伤了他们的自信心。

有些父母往往都是根据社会需求给孩子报兴趣班。父母认为什么重要、有用，就会给孩子报名学习，根本就不顾及孩子本人是否感兴趣。还有些父母是因为自己小时候没条件学习自己感兴趣的东西，有了孩子以后，想要通过孩子来完成自己儿时的愿望，同样不顾及孩子是否感兴趣。很多父母的这种"定向"培养会给孩子带来沉重的压力，甚至可能致使孩子越来越厌倦学习，这对孩子的身心的健康发展没有任何好处，只会抑制孩子的学习兴趣。

既然盲目让孩子进兴趣班有如此大的危害，那么，什么是理性的做法呢？笔者认为，父母应该从以下几个方面提高认识：

1. 明确孩子上兴趣班的目的

兴趣班是让孩子学习知识和技能的课堂，让孩子体验快乐的课堂。父母在为孩子选择兴趣班的时候，不要一味地跟风或者带着功利心，不要强迫孩子喜欢这、喜欢那。不论是学习还是运用，只有在本人有意愿、有兴趣去做的情况下，才能

有真正的进步。相反，如果在最初就放手让孩子去做自己热衷的事情，久而久之，他就会养成好习惯，无论做什么都会坚持到底的好习惯。

2. 不要盲目地同时学习多种技能

如果孩子的兴趣爱好很广泛，学习的兴趣也很浓，可以考虑让孩子同时报几种兴趣班，只要是孩子感兴趣的，孩子学习起来就不会觉得是压力。

如果在同时报的几个兴趣班中，有孩子不感兴趣的，他的、注意力就会分散，结果必然是"一瓶不响，半瓶晃荡"。同时，这也会加重孩子的负担，甚至使他产生厌学情绪。

3. 要根据孩子自身的特点选择兴趣班

给孩子选择兴趣班，一定要根据孩子自身的特点来做决定。幼儿的兴趣容易变化，尚不稳定。，鲜明、生动、变化多样的事物或活动能引起孩子直接兴趣；单调、刻板的事物和对象，孩子一般不会太喜爱。

因此，父母在为孩子选择兴趣班的时候，只有根据孩子的兴趣出发，才能有助于孩子的身心发展。经常违背孩子的兴趣，强迫孩子做他不愿做的事情，很容易引起孩子的不满情绪，造成孩子遇事反抗的不良反应方式。

法则 48　以平常心对待孩子的成绩

★　★　★　★　★

在唯分数是从、唯考试独尊的今天，学校和父母都把成绩当成衡量学生将来有没有出息的重要标准，甚至是唯一标准。有一句俗语叫做：一考定终身。这在古时是真理，在现在同样是定律。考试考得好的学生，将被人们视为有出息，一定会拥有一个流光溢彩的人生。考试考上了就平步青云，考不上就永无出头之日。

在这样的心态下，很少有父母能够心平气和地对待孩子的成绩，也很少有父母能用平常心对待孩子的考试。一旦学校开考在即，考场如战场，那气势和兵临城下差不了多少。

可是事实表明，成绩好与不好，完全不能用来断定孩子将来有没有出息。如果一个孩子学习成绩很好，但毕业后却不会运用所学的知识来解决实际问题，他只能"纸上谈兵"，很难成功；学习成绩好的学生，也有可能囿于现在，不敢、不善于探索创新与观察，经不起种种困难的考验，不肯付诸行动。这样的"高分学生"，对社会做不出多大的贡献。

很多用人单位在招聘员工的时候只重视文凭，这是一种非常愚蠢的表现。一纸文凭远远无法全面地反映应聘者的全部能力。在招聘场上，一些精通世事、有眼光的企业家往往更注重实际能力，而不单只看学历。古时提倡"任人唯贤"，看的也不只是一纸文凭。

历史上，很多对社会做出巨大贡献的人，在儿童时代的成绩并不理想，有的甚至还是问题儿童。比如丹麦著名作家安徒生，他童年丧父，家丑人穷，别说有个好成绩，他甚至连学校的大门都没进过。可是，他最后还是成为了最伟大的童话作家。

还有著名发明家爱迪生，小时候非常顽皮，也是老师眼里的问题学生，经常会问一些老师回答不上来的问题，还因为成绩不好而被学校开除。众所周知，他后来成为了伟大的发明家，人类因为他发明的电灯而开启了一个新纪元。

孩子学习成绩好，这固然可喜，但是父母也不要把好成绩当成孩子的全部。

父母要让孩子知道，再好的成绩也只是一个起点。更不要把孩子的好成绩当成炫耀的工具，借孩子的好成绩为名而大肆宴请宾客，高额消费。

成绩出来后，面对孩子不理想的成绩，父母要以平常心对待，要做到"两戒"：

一戒：冷暴力

冷暴力的科学释意为：不通过殴打或其他行为暴力来解决问题，而是以冷淡、轻视、放任、疏远和漠不关心，以致使别人精神上和心理上受到侵犯和伤害。冷暴力出现的范围很广，不仅在家庭之间，在工作单位及学校等场所中也时有发生。比如说，一个典型的冷暴力例子，是当你跟对方说了很多话，而对方只用一个"嗯"或者是"哦"之类寥寥几个字来回复你。而且，这种冷淡是对方故意为之，试图以此造成对你心理上的负面影响。

一些父母看到孩子的成绩后，气不打一处来，就用冷冰冰的眼神看着孩子，不理会孩子，不愿搭理孩子，好像连和孩子多说一句话都是多余的。有很多教育专家指出，父母表现出来的冷眼相待和无声的语言，就是一种标准的冷暴力。

有很多孩子私下里会和好友抱怨：我最怕我爸妈看完成绩后一点反应也没有，时时处处冷脸冷言冷语的对我，真够我受的。考试分数根本不能用来衡量一个孩子的真实学问，更无法鉴定一个孩子将来会不会有出息。所以，父母大可以平常心对待考试成绩。

二戒：大发雷霆

所谓大发雷霆，即是大发脾气，高声训斥。一些容易激动的父母看到孩子的成绩单后，血压升高，用大嗓门教育孩子，从"没出息"一直骂到"笨蛋"，简直让孩子无法抬头。但处于盛怒中的父母绝对想不到，这样做不但收效甚微，还极有可能使孩子产生对立情绪，反而不利于提高学习成绩。

专家指出，父母这种发泄方式，其实对孩子的自尊心伤害极大，应当克制。依照儿童的心理特点，父母用较低的声调教育孩子，效果比一味的高声调要好得多，因为当父母低声的语调与孩子高昂的、带着激动情绪的高声调相接触时，孩子能够感受到父母的稳重沉着，从而受父母的情绪的良性影响，孩子的激动情绪也会逐步缓和起来。

此外，父母用低声调、平和的语气与孩子交谈，还可以增进彼此间的亲密感，能引起孩子倾听的意愿，让孩子觉得父母的话很重要。而父母如果采用大发雷霆的方式与孩子沟通，孩子会因为受到父母高声调的突然袭击而手足无措，更谈不上有听父母讲话的心思了。当父母用较高的声调和孩子讲话时，孩子会更多地去注意父母的情绪，而不是父母讲话的内容。而当父母低声调用和缓的语气跟孩子讲话，孩子必须集中注意力才听得到。即使开始很不想听父母讲话的内容，但是由于孩子集中了听力，也会不知不觉地接受父母的观点，认可父母所讲的道理，并从中受到教育。

给孩子、也给自己一个平常心，让父母平静地对待孩子的每次考试。无论是中考还是高考，平常心都是父母和子女应有的状态。

法则 49　教育孩子学习要讲究方法

★ ★ ★ ★ ★

在中国的传统教育中，一提起学习，无外乎"头悬梁、锥刺股"的努力，以及"学海无涯苦作舟"的刻苦。对于处在这种传统教育环境下的孩子来说，学习是一种被迫的行为，他们很难体会到学习的乐趣。长此以往，不免对学习产生一种恐惧感，渐而滋生厌学的情绪，自然而然地觉得学习变成了一项苦差事。

来看看犹太人的传统教育方式。在孩子第一次进学校的时候，老师会准备一些蜂蜜和一块石板，用新鲜的蜂蜜在石板上写上希伯来字母，然后让孩子舔干净。通过这一过程，老师希望孩子知道学习是甜蜜而充满诱惑的。而且，犹太人的教育理念中还包含着一条万古不变的真理；财富可以被带走，唯有知识和智慧永不流失。其实学习不是一件苦差事，只要用对了方法，用对了方式。学习本身也是一门学问，有科学的方法，有需要遵循的规律。

所以，父母要及早给孩子指导，注意培养孩子的良好习惯，让孩子掌握正确的学习方法。下面介绍几种方法供各位父母参考。

1. 要让孩子学会预习

预习是学习的第一阶段。良好的预习习惯，对孩子的学习起着很重要的作用。好多孩子都缺乏预习的习惯和方法，因此父母有必要和义务帮助他们养成这一习惯。预习的开始阶段是通读所要学的内容。在读的过程中，不妨随手拿上一支笔，将不懂的词语、句子原理或公式等内容用一定的符号表示出来。读完后，如能通过查工具书，或一定的思考解决的问题，就写上答案。通过查阅工具书和思考的过程，孩子会牢牢记住这些内容。而一些不能解决的问题，可留待上课时听老师讲解，这样也有助于培养孩子"有的放矢地去听课的习惯。

预习的第二步，是先自学某一部分内容，然后尝试着去做相应的课后练习，并将无法解决的问题做上记号，以便于上课时可集中力量解决此类问题。预习的方法很多，不同的孩子可选择不同的方法。总的来说，预习本身能使孩子上课时加倍注意自己不理解的部分，有利于掌握课程难点。至于那些预习时就懂了的内容，孩子在课上再听一遍，就等于有了复习一次的机会，有利于知识的巩固。因此，父母要教会孩子预习。

2. 让孩子学会听课

在所有的学习环节中，听课是最重要的一环。有的孩子听课时思想不易集中。一旦孩子在课上"神游太空"，知识就会从他的身边悄然溜走。等到他收心凝神再听时，往往前后接不上，形成知识的缺漏。这样的缺漏造成"知识链"的脱节，很难补上，久而久之，会导致孩子学习基础不扎实。

父母要提醒孩子走神的危害性极大，并采取有效措施来培养孩子专心听课的习惯。其中，让孩子带着一定的任务去听课，就能促使孩子改掉走神的坏习惯。例如，父母经常在家中布置一些限时的阅读任务，要求孩子读完后复述内容，或是写出阅读提纲，或是完成一些练习题。此外，通过听录音来锻炼"听课"的能力（要求孩子听后叙述重要内容、回答一些问题等）也是帮助孩子培养专心听课习惯的好方法。

3. 培养孩子的"记"能力

首先要学会记笔记。父母要指导孩子，分清楚哪些是记笔记的要点：凡老师在黑板上写出的概括性强、体现课堂教学重要的内容都要记。还要记下老师在讲解过程中重点分析的内容，以及自己预习中不懂部分的内容，便于课后复习。其次，还要学会即时地用大脑来记。对于课堂上的重要内容，能立即记住的就要立即记住，不能记住的，通过课后反复的阅读、理解等形式来记住。当然，巧记的方法也很多，比如可加上自己的联想来记，也可编成顺口溜来记，这些方法都能帮助孩子记得更轻松、更牢固。父母可以通过抽查课堂笔记、检查课本、抽背重要概念或课文来检查孩子记忆的情况，并及时帮助他们学会怎样去"记"。

4. 要让孩子多发问

善于发问的人才是会学习的人。随着年龄的增长，孩子可能开始要面子了，再也没有那么多"为什么"了，发问越来越少。这并不利于培养孩子钻研的能力和精神。父母要鼓励孩子多提问，对于不懂的内容，可以课堂上问老师，课后问同学。对于已经学会的内容，也可鼓励孩子采用"自问"的形式来增强记忆。比如在做出了某一题后，可以问问自己：能否采用更简单、合理的方法去解？对于那些花费了比较多时间去记忆的内容，也可问问自己：能否采用更简便、轻松的方法去记？这些问题也可以由父母提出，以帮助孩子学会发问。

5. 复习是很重要的一环

古人云："学而时习之。"这就说明加强复习是提高记忆效果的最佳方式。许多学生习惯于下课后匆匆忙忙赶作业，很少进行复习。父母应及时提醒孩子，要先复习后做作业，复习时则要做到以下几点：

（1）及时复习。今天学习的内容今天就要复习，同一内容要复习几遍。除了复习当天所学的内容，还要把前几天老师教的内容也一起进行复习。

（2）利用分散时间复习。考虑到孩子还有作业要做，很难有整段的时间来复习，要鼓励他们充分利用点滴时间（如下课时，吃饭前等）来复习一些独立的、简短的内容。比如，背几个单词，读一段课文，背一个数学或物理定理。

（3）利用最佳时间复习。每个人应根据自己特点，根据家庭特点来选择最佳的复习时间。有的孩子在清晨复习能取得最佳效果，有的孩子则能够在傍晚取得最佳的复习效果。

（4）循序渐进地复习。复习时，先分章节复习，然后再连起来复习，这种"滚雪球"的方法有利于把前后的知识联系起来。

（5）过度复习，提高记忆。对于那些需要记得住、背得出的内容，应先复习多遍，等完全记住后，再用原来的 40% 时间进行过度复习，这样会记得更牢固。

6. 有效地利用时间做作业

有的孩子有做事拖拉的习惯，不懂得讲究时效，做作业时也是如此。有的孩子边看电视边做作业，有的孩子边听录音边做作业，也有的孩子边吃东西边做作业，甚至有的孩子边玩边做作业，如此磨磨蹭蹭，作业自然做不完，于是他们就开始叫苦连天。看到孩子叫苦，一些父母也跟着埋怨老师布置的作业太多。殊不知其实是因为孩子拖拉，不讲究效率。更有些父母只满足于看到自己的孩子在做作业，根本不管他是否集中了注意力。久而久之，孩子养成了拖拉的习惯，继而为上课不专心埋下伏笔。因此，父母必须督促孩子珍惜时间，养成时效观念，提高做作业的效率。

法则 50　让孩子觉得学习是快乐的事

★ ★ ★ ★ ★

姨妈家的小儿子今年上五年级，大年初一到我家拜年，他开口第一句话就说："辛苦读书人，读书辛苦人，新年发红包，不忘辛苦人。"

我看着他的脸，半天没回过神，还是母亲忙跟我说"给红包，给红包"，我才反应过来。吃饭的时候，我摸着他的头，问他："小志，是谁教你拜年的呀？"

他两手一拍胸脯："这还用教，是我信手拈来的。"

我又问："那你怎么想到要说读书人是个辛苦人哦？"

他看着我的脸，满脸认真地回答我："名人说的。"

"那他们是怎么说的呢？"

"书山有路勤为径，学海无涯苦作舟，苦吧！十年受尽窗前苦，一举成名天下闻，苦吧！"

小志说得没错。这确实是千百年来无数学子都推崇的学习态度，人人都说"吃得苦中苦，方为人上人"。如今的父母更是成天宣扬拼搏、竞争，因此，孩子觉得学习是一件苦差并不为奇！

我国的教育鼻祖孔子说过："学而时习之，不亦说乎？"学习理应是一件快乐的事情，当孩子第一次在空白的纸张上写下自己的名字；当孩子第一次拿着故事书，大声朗读出小红帽的故事；当孩子第一次考了满分，拿着全是红钩钩的试卷……这些无疑都是快乐的。

从什么时候开始，这些快乐的学习都慢慢变了质？当孩子在繁杂的第 N 张试卷上写上自己姓名的时候，当孩子在各种兴趣班、补习班、特长班上的报名表上签上自己姓名的时候，当孩子在密密匝匝的草稿纸上演算习题的时候，他们离快乐越来越远了。

在这个时候，父母应该很清楚地意识到，孩子开始厌学了。想让孩子学习的方法，就是努力让孩子觉得学习是件快乐的事，让孩子在学习的海洋里快乐泛舟。父母不妨从以下几个方面入手，改善孩子的学习心态。

1. 肯定孩子的兴趣，让孩子做自己喜欢的事

孔子云："知之者不如好之者，好之者不如乐之者。"这句话的意思是："懂

得它的人，不如爱好它的人；爱好它的人，又不如以它为乐的人。"孔子的这句话表明，取得好成绩的秘诀，就是对学习的热爱。

兴趣是指个体以特定的事物、活动和人为对象，所产生的积极的、带有倾向性、选择性的态度和情绪。兴趣是一种动力，就如同湖面里平静里的水，一旦有了兴趣作催化剂，那么就出现了蒸汽机这一奇迹。一个人，不管做什么事情，如果这件事情是他比较感兴趣的事，那么他一定非常愿意去做。即使再苦再累，困难重重，他都心甘情愿地去做。

在日常生活中，父母要注意发掘孩子的兴趣和爱好。比如，你原本想把漂亮的小女儿培养成一位有才华的音乐家，让她在炫目的舞台上成为众人的焦点，可是她却在练习钢琴的时候对你说："妈妈，我想和同学去参加学校举行的摄影展，我可以把上次我们去郊外拍的照片拿去参展。"这个时候，你不要因为女儿不珍惜一节昂贵的钢琴课而生气，而应该尊重女儿的选择，也许她更适合当一个有型的摄影师，而不是一个舞台上的音乐家。

2. 给孩子安上快乐的翅膀

香港的何达先生向人们传递快乐的思想："做每一件事情，都给它一个快乐的思想，就像把一盏盏灯点亮，砍柴的时候，想着的是火的诞生；锄草的时候，想着的是丰收在望……"

在孩子做每一件事情的时候，父母不妨都试着给他安上快乐的翅膀。如今"读书苦，苦读书，读苦书"、"读书死，死读书，读死书"的时代已经一去不复返了，父母可以让孩子把学习当成一种游戏。当孩子对着语文老师布置的作文题目《我最喜欢的动物》眉头紧皱的时候，父母可以告诉他，学习累了，就到动物园放松一下吧，然后当孩子在动物园里玩得不亦乐乎时，提醒孩子，还记得老师布置的作业吗？

学习本身是一件很有意思的事情。让孩子在游戏中学习吧……孩子第一次学习洗衣服，父母可以和他们在阳光下打一场七彩的泡泡战；孩子总也学不会"鸽子"的英文单词时，父母可以带他们到广场，喂喂那些可爱的小精灵，然后趁机告诉孩子，鸽子的英文单词是这样说的，那样写的……

3. 拓宽孩子的视野，让孩子"在新鲜里学习"

塞缪尔·约翰逊说过："对知识的渴求是人类的自然意向，任何头脑健全的人都会为获取知识而不惜一切。

罗素也说过："知识是使人类快乐的主要因素之一。"让父母把孩子放到百科全书前，让孩子阅读他所有感兴趣的事物；让父母把孩子放到清新的大自然里，让他去了解一切新鲜奇特的事物；让父母把孩子带到他未曾认识的世界里，让他去领略未知的秘境……

别拒绝孩子想出去玩的主意。父母可以在踏青的时候，带上一本自然百科全书，到时候，可别忘了回答孩子千奇百怪的问题。

4. 失败时，给予孩子双倍的鼓励。

有这样一个让人很感动的事情。有一个智力赶不上其他同学的小朋友，妈妈很不喜欢她，总觉得她不如别人家的孩子，可她的老师却告诉她：她是白色的风信子，要比其他颜色的风信子开得更晚一些，可是开出来却是最美丽的风信子。

人无完人，金无足赤，孩子总有这样那样的缺陷。这时候的父母，应该给予孩子多倍的鼓励，让孩子在自信中成长。别因为孩子考试只考个 60 分就觉得自己的孩子不如别人，你没看见他的体育成绩有多棒吗？

5. 告诉孩子，大家一起坚持

"勤学如春起之苗，不见其增，日有所长；辍学如磨刀之后，不见其损，日有所亏。"它的意思是：勤于学习，就像春天刚长出的幼苗，你感觉不到它在长高，但它每天都在成长。辍学以后，如同磨过的刀具，你没有看到它用损，但是每天它都会钝一点。

父母通常都会有这样的困惑，为什么付出那么多努力，却得不到想要的结果？这个困惑在孩子身上同样会有，坚持那么久，可还是看不见结果。

物理学家居里夫妇在废弃的停尸房里炼出了镭，获得了诺贝尔奖。我国国画大师齐白石，坚持每日作画，除身体不适外从不间断。85 岁那年，齐白石一连作画四幅后，又特为昨天补画一幅，并题字道："昨日大风雨，心绪不宁，不曾作画，今朝制此补之，不教一日闲过也。

这些都是坚持的力量。希望就像一个人人生中的导航灯塔，它总是在前方指引着我们前进的方向，只有坚持才能捕捉到它的微光。

让孩子们带着喜悦开始一天的学习，带着意犹未尽的兴趣去面对明天。父母只要能用"放养"的方式来让孩子产生学习的兴趣，他们就会学并快乐着！

第八章

生理教育：
爱一个不完美的自己

在孩子成长的历程中，他总会走到"小大人"这个尴尬的时期。为人父母，应该坦然地告诉孩子，他虽然只是一个半成品，但完美就在不远的将来。因为你也曾青春似他，躁动如他。我们都当过丑小鸭，而有一天，终于展翅飞翔。

法则 51　告诉孩子，你也曾青春似他

★　★　★　★　★

　　动物有两个时期是最可爱的，一个是刚刚学会走路的时候，毛毛茸茸、懵懵懂懂，走得跌跌撞撞，看人时漂亮的眼都似蒙了一层纯净的蓝；一个是长成"成品"的时候，英姿飒爽，活泼好动，整个世界都是游乐场。

　　而青春期，无论是对动物还是对人，都不是一个漂亮的时期。青春期的孩子，就像一个半成品，不上不下，不尴不尬。痘痘比学问多，胡须比见识长。想要像路飞一样坐条破船就开始扬帆启程征服整个世界，屁股却被功课和考试牢牢粘在座位上；内心里有着很多不安分的小梦想，身体发生的变化却让人尴尬和窘迫；不再是黏着父母问东问西的年纪，有了自己的小秘密和小空间，父母自是更加无法窥知这些小大人的心思和想法。大人们只是觉得这些小孩脾气怪怪的，举止怪怪的，什么看起来都是怪怪的。

　　父母看不惯孩子的变化，殊不知，孩子同样也不能接受自己的变化。一直作为一个孩子，逍遥自在惯了，不用承担责任，不要考虑代价。而现在呢？书本上含含糊糊的生理知识和身体上昭然若揭的真相明明白白地告诉他们，从今天起，你就是大人了。变成大人，就意味着无忧无虑的童年结束了，意味着男女之间有了泾渭分明的界限，意味着责任的来临和接下来一堆的麻烦。对于没有熟悉自己新身份的孩子而言，"大人"绝对不是一个令人愉快的身份标签。

　　据调查发现，处于青春期的孩子因生理变化而产生烦恼的占七成以上，而父母无法了解孩子的这一层心思，简单地用"青春叛逆期"来归结孩子一系列心理

和生理上的变化，推诿自己在生理教育和精神辅导方面的责任。

家庭生理教育的重要性众所周知，但这项教育也是家庭教育中最尴尬、最匮乏的一项。其实，父母应该告诉孩子，你现在遇到的问题自己小时候也曾遇到过，所以要正确对待。

俄国教育家马卡连柯就曾一语中的地指出，性教育是父母最头痛的问题。

从儿童过渡到青春期，是"人生的第二次诞生"，心理学家称这一时期为第二次危机"。如果说人生的第一次危机——"断乳危机"是在温暖的襁褓中度过的，幼儿的反抗充其量也不过是无力的挣扎、无望的哭闹。那么，人生的第二次危机——从精神上脱离父母的心理"断乳"，却来势迅猛，锐不可当。此时，孩子的身体将发生一系列引人注目的生理变化，心理上也更需要细心的呵护和关注。

对于生命教育，国内现行教育制度采取的是一种含糊而敷衍的方式，有些甚至几乎是空白。而在国外，孩子们被从小教导做人的权利、责任、义务、人生目标等。在美国的幼儿园，有资格证书的老师对 6 岁儿童进行生理教育，给孩子打开身体模型，告诉孩子身体是怎样发育的，告诉他们每个人都有属于自己的隐私，即便是自己的父母都不能触碰。在早期进行正大光明的引导，比以后纠正不良行为要容易得多，孩子也不会觉得成长是一件罪恶、见不得光的"丑事"。

一些父母往往自身就缺乏早期系统的生理教育，自然也无法对孩子进行正确而坦荡的教育。即便孩子对生理问题有了困惑，也不愿去求教父母，这便造成这个尴尬时期里两代人之间交流的缺失。对于成长，孩子无法适应也无法无师自通，父母既羞于启齿也不愿学习表达，这给孩子的健康成长造成了不利的影响。

为人父母，自然会因为孩子长大成人会真心欢喜，但也要在孩子从小到大的成长过程中自始至终扮演好良师益友的角色。只有如此，孩子出现困惑时才会找到你这个大朋友进行咨询。因为你也曾青春如他，躁动如他，他有的青春期烦恼你也曾有过,现在你只需坦然地、正确地告诉他,曾经你是如何应对这些小麻烦的。

对于青春期生理的教育,主要包括生理知识的教育和生理卫生知识的教育。内容方面好办,但关键是该运用什么样的方法告诉孩子这些知识,采用什么样的方式才最妥当。只有这样,孩子才会既不会反感,同时也能坦然接受、认识这些变化的正常性。这是每一个有爱心、有责任感的父母极想知道,又难于把握的问题。对此,笔者谈谈自己的几点心得:

1. 态度坦荡而自然,让孩子有长大的幸福感和成就感

父母在孩子渐渐长大的过程中,可以用语言对孩子体貌的变化给予肯定和鼓励。同时让孩子做一些既令他喜欢又有难度的事情,如让他代表家庭走亲戚,做他曾经依赖父母才能做的事情等。通过做这些事,使他真真切切地感到,长大了的确让人骄傲和自豪。

2. 有选择地借一些生理卫生方面的书籍给孩子看

在看书之前,父母可以先告诉孩子:你长大了,该是你更全面地认识和了解自己的时候了。有了父母的指导,孩子就可以理直气壮地了解自己的生理变化,了解到身体发育是成长中自然而然的变化。不必大惊小怪,也不用草木皆兵。

3. 为孩子提供间接咨询,教导孩子保护自己

孩子进入青春期后,对于性的问题会感到神秘。尽管大人对他讲性生理是很正常的事,但他总会认为是"难言之隐"而难于启齿。所以,这时父母应体谅孩子的心理,着力从实际行动上帮助他,给他提供一些间接咨询。

比如说,父母可以把关于性生理与性卫生方面的报刊、文摘知识给孩子看,

或直接通过书面语言，将自己对孩子青春期的各种要求、禁忌与期望表述出来，使孩子觉得父母真心关怀他。这样，父母的话在孩子心目中就会一语值千金了。

父母是孩子生理教育的启蒙者，也是孩子最重要的老师。要以自然、正常的态度，教导孩子正确的观念，不要放弃自己的权利，而让一些不合格的误导者教坏你的孩子，让他对"性"形成错误的想法和观念。要让孩子在很自然的情况下吸收生理知识，使他的人生有个健康、美好的新开始。只有让孩子明白任何人都曾有过"无法置放的青春"，孩子才能成长得更加明媚和健康！

法则 52　别把孩子早恋太当回事

★★★★★

所谓"早恋"，顾名思义就是早来的恋爱。一般是指青春期 (18 岁以下) 的孩子过早地涉及对异性的情感体验。由于孩子还太小，心理和生理发育还都很不成熟，没有能力驾驭感情和责任的帆船。此时，孩子既无经济基础，又无社会地位的保障，并不具备谈情说爱的条件，这样的恋情往往没有结果，而且对孩子的生理、心理及其他方面还会带来很多不利的影响。

严格来说，其实大多数的早恋算不上"早恋"，往往是父母强加给孩子。他们把孩子对异性的那种朦胧的喜欢和爱慕误当成了早恋。出于对孩子的担忧，父母往往如临大敌，兴师动众，恨不能把孩子与异性的交往也全控制起来，把孩子的一举一动都置于自己的眼皮底下。甚至有的父母偷听孩子的电话，偷看孩子的日记和信件，并向同学和老师打听孩子的情况。

殊不知，青春期孩子的教育就像摆弄鸡蛋一样，一不小心就会弄碎了，落个鸡飞蛋打，造成孩子的逆反心理。尽管父母疲意不堪，却越管事越多，甚至把孩子推向了真正的早恋。其实，从生理的角度出发，青春期的孩子已经具备了恋爱的生理基础，

性激素的分泌已经使他们有了性的冲动，青春期的孩子开始关注异性，他们很容易因为一句关心的话、一个爱慕的眼神、一个偶然的动作而心神荡漾，相互吸引，互有好感。

从心理的角度出发，青春期的孩子正处于心理断乳期，随着知识面的增加，视野的开阔，他们的内心世界越来越丰富，形成了自己独特的价值观。一旦这种价值观不被父母所认可，他们便转而在同龄孩子中寻找共鸣，觉得和同龄人更有共同语言。

孩子的交往范围从同性同学慢慢扩大到异性同学，并开始对异性感兴趣，认为异性的吸引比较明显。"哪个少年不钟情？哪个少女不怀春？"父母应该明白，青春期的孩子把自己有好感的异性当成爱慕的对象，就如同植物开花结果一样自然，是再正常不过的现象。即使孩子在异性交往中一时难以把握分寸，这也是难免的，与他们的道德品质没有任何关系。

曾有一位妈妈，从女儿的日记中看到了这样一段话：

最近不知怎么了，我的脑子里总是晃着那个男同学的身影，上课常常走神。每次看到他，我的脸就会发红，心就会乱跳。他成绩那么好，打篮球也很棒，说话又那么幽默，女同学都喜欢他，我也被他深深地吸引住了……

由于这位妈妈缺乏与青春期孩子沟通的常识，她一下子就失去了理智，当即把女儿一顿臭骂，说女儿小小年纪就早恋，整天想那些乱七八糟的事情。女儿非常委屈，自尊心受到了伤害，她愤愤地想："你不是说我早恋吗？我就早恋给你看看。"第二天女儿找了个机会与那名男生倾诉苦恼，反而把两个人的关系拉近

了，几经交往，竟然真的早恋了。

可见，父母对孩子早恋不要草木皆兵，心急如焚，惊慌失措，更不要暴跳如雷，棒打"鸳鸯"，那样会适得其反，反而让孩子对早恋有了求知欲和叛逆心。这样，往往会把孩子推向反面，弄假成真了。

另一位遇到类似问题的妈妈的做法值得效仿。当她发现女儿有了爱慕的对象后，没有批评她，也没有刨根问底，更没有冷嘲热讽，而是坐下来和女儿谈心。

一谈起这个话题，女儿很警觉，问妈妈她是不是早恋，是不是变坏了。

妈妈说："不，好女儿，我很高兴看到你长大了。你不是变坏了，这也不是早恋，只是交往过密，和早恋根本没关系。其实妈妈像你这么大的时候，也有自己喜欢的男生了。这种想法很正常。"

女儿听了感动得不得了。然后妈妈从生理角度和心理角度帮她分析为什么会出现这样的情况，并告诉女儿应该如何正确对待异性间的吸引，如何顺利度过青春期。

最后妈妈还告诉女儿："你的眼光不错。这个男生的确很优秀，我也欣赏他，他将来会很有前途的。你也应该好好学习，只有自身条件优秀了，别人才有选择你的可能。"

女儿听后深受教育，不仅放下了早恋的思想包袱，还把对异性的这种感情升华到与他比进步、比学习的层面上，顺利考上了大学。这位妈妈比较巧妙地处理了孩子的问题，把"早恋"淡化为"交往过密"，拉近了和孩子的距离。这个事实告诉我们：有方向的巧妙疏导比生硬的堵截更有效。

既然青春期的孩子与异性交往是正常现象，父母就应该正确对待孩子与异性的接触，该放手的时候就要放手。有的父母为了阻止孩子早恋，对孩子采取封闭式教育，不让孩子和异性交往，却不知孩子往往有逆反心理，你越不让他做的事情，他偏要做做看。

有这样一个流传已久的故事：

有一个小和尚一直在寺院里长大，十几年来从未见过女人。有一次老和尚带他下山，小和尚对那些花枝招展的女人表现出浓厚的兴趣，几次因贪看女人撞在栏杆或路人身上。

老和尚就很生气，对他说："回过头来不准再看，那是吃人的老虎！"

傍晚回到寺院，老和尚问小和尚："逛了一天，你最喜欢的是什么？"

小和尚毫不犹豫地回答："最喜欢吃人的老虎！"

从这个故事可以看出，封闭式教育并不可取。如果孩子从来不和异性接触，一旦有机会接触到异性，反而更容易被吸引，一如故事中的小和尚。而如果经常让孩子与异性接触，孩子就会发现，同性和异性朋友的身上各有各的优点，也各有各的缺点。这样一来，孩子就不会觉得异性有那么神秘了，相对来说也更不容易早恋。

限制孩子与异性的交往，绝不是聪明的办法。放养你的孩子，鼓励他们与异性进行正常交往。这不仅是孩子青春期生长发育的需要，还能让孩子得到异性间人际交往的锻炼，为日后走向社会打好基础。

父母需要做的只是因势利导，教给孩子一些异性交往的行为规范，让孩子懂得：交往比不交往好，群体交往比单独交往好，公开交往比秘密交往好。

如果发现孩子真的早恋了，父母应该首先反省自己，是不是与孩子交流得太少了？是不是对孩子不够关心？是不是孩子没有感受到父母的爱，缺乏安全感？无论如何，孩子早恋，父母都负有不可推卸的责任。父母别把孩子早恋太当回事，想好了，再出手。

法则 53　引导孩子理性追星

★ ★ ★ ★ ★

青春期的孩子往往喜欢崇拜一些偶像，如体育明星、电影明星和歌星。据中国青少年研究中心对全国各地2000余名大中学生进行的"青少年偶像崇拜现象"专题调查显示，其中有一半受访青少年有过偶像崇拜的经历，三分之一以上的青少年正在崇拜某个偶像，而所崇拜的偶像，几乎全部是影视界和体育界明星。

其实崇拜心理人人皆有，哪一个人没有崇拜的偶像？父辈在青春时期崇拜保尔、雷锋、毛泽东，现在的孩子崇拜影星、歌星、体育明星。可以说，偶像崇拜是一种极其普遍的现象。枯燥无味的学习和激烈的升学压力无形之中加重了孩子的精神负担，孩子出于寻找快乐的本性，只好从偶像创造的娱乐天地里寻找暂时的快乐与放松。由于互联网和电视报刊的普及，浩如烟海的偶像明星信息充斥在孩子周围，几乎每个人都有自己熟悉的明星。

于是就会经常看到，在无数的中学校园里，孩子们在闲暇时间里尽情谈论着他们的偶像。男生谈论刘德华、刘翔、乔丹，女生谈论章子怡、范冰冰、赵薇，他们对偶像的一切，如身高、体重、星座和爱好仿佛都了如指掌，如数家珍，甚至模仿偶像的穿衣打扮、姿势和发型。

崇拜偶像，是一种正常的现象，但是需要把握好恰当的度，若沉迷其中不能自拔：影响到正常的学习和生活就不好了。

一名大连少女视张国荣为偶像，对张国荣的崇拜到了走火入魔的地步，张国荣的一举一动一喜一悲都令她心动，以至于她认为自己的世界里只有张国荣，她只为他而活。在这种疯狂下，只因母亲拒绝给她买偶像的 CD 碟，并说了偶像的"坏话"，这名少女竟然以自杀抗议，着实骇人听闻。

广州一名女生为了引起偶像对她的注意，竟然在大街上割腕自杀，举着喷血的手臂去追明星的车子，所幸抢救及时才没有香销玉殒，着实可悲可叹。

这样的例子还有很多。偶像崇拜并没有错，但偶像崇拜到如此地步，确实让人匪夷所思。究其原因，主要是由于父母没有及时与孩子沟通，没有对孩子盲目的偶像崇拜行为进行正确引导，才导致悲剧的发生。并不是所有有偶像崇拜经历的孩子都会一败涂地，对于孩子崇拜偶像，关键在于父母以怎样的姿态进行正面引导。引导好了，它照样可以促进孩子成长，因为孩子的成长需要一个愉快的引路人。

父母既不要言语过激，激化矛盾，让孩子产生逆反心理，甚至采取极端的行为；也不要对此不闻不顾，置若罔闻，任孩子如痴如醉地迷恋明星。不管是崇拜乔丹，还是崇拜刘翔，孩子肯定有他崇拜的道理。父母要站在孩子的角度上，与孩子真诚地对话，交流对偶像的看法，坦然接受孩子对偶像的崇拜，就能赢得孩子的信任。这样父母就可以解开孩子的心结，孩子也会对父母倾诉自己的心声。

父母要积极地引导孩子正确看待偶像，鼓励支持孩子对的方面，指出片面的地方，引导孩子往好的方面发展。同时，父母应告诉孩子，崇拜偶像到底要崇拜什么。告诉孩子，聪明的人不是崇拜偶像的外表，而是追求其本质，让孩子不要只看到偶像光鲜的一面，不要以为脸蛋漂亮就可以不劳而获，要让孩子懂得"台上一分钟，台下十年功"的道理。要看到偶像在鲜花、掌声后面辛勤的付出，让孩子懂得，任何人的成功都源于自身艰苦的磨炼，只有付出才能成功，并以此来激励自已好好学习。

上初二的涛涛衣来伸手、饭来张口，自理能力非常差，一点苦都吃不得。他非常崇拜电视主持人戴军，把戴军当成了偶像。只要有戴军主持的节目，哪怕不吃饭不做作业也要先看完；戴军的歌曲，只要能买得到，他都想方设法买了来听；他还收集了很多有关戴军的照片、海报，想方设法得到戴军的签名。更让涛涛父母哭笑不得的是，涛涛去理发店理发，还要求理一个戴军那样酷酷的发型，一门心思想当主持人。

涛涛的追星行为已经严重影响了他的学习成绩。于是，涛涛父母试图阻止涛涛的这种行为，结果适得其反。涛涛父母认识到：那些头顶光环的偶像为孩子的成长提供了奋斗的目标，是孩子成长路上的指明灯，儿子崇拜偶像没有错，不能去否定他，而应像朋友那样给涛涛一点提示和建议，并加以耐心引导。几经考虑，涛涛父母设计了一系列方案，积极应对涛涛的行为。

涛涛父母花了一些时间了解戴军，发现他成功之前在社会的底层奋斗了很长一段时间，方才拥有今天这样璀璨的荣耀、明媚的风采。在日常生活中，涛涛父母开始有意识地让涛涛做一些力所能及的事情。起初涛涛不肯干，涛涛父母就给他讲戴军出名之前的故事：戴军出身贫寒，他主动放弃了自己上大学的机会，到处打工养家。他干过清洁工、营业员甚至海豚驯养员等20多种工作，白天至少做三份兼职，晚上还要拖着疲累的身体到外面唱歌赚钱，连足够的睡眠时间都不能保证。即便是生活如此艰苦，戴军也没有放弃读书，他自学了很多知识，而丰富的阅历也为他日后的成功打下了坚实的基础。这一切，才成就了集歌星、作家、演员、主持人于一身的戴军。

这些故事让涛涛懂得了"只有付出才有成功"的道理。涛涛父母趁热打铁，告诉涛涛，那些明星其实并没有多么了不起。有能力的人不是追别人，而是让别人去追你。想要像偶像那样成为一位成功的人，需要现在就努力学习，打好基础。因为爸爸是用他的偶像来讲道理，涛涛比较容易接受。逐渐地，涛涛能够主动去

不孕等一系列并发症，影响到日后的正常婚姻生活。

据专家研究，女孩过早地进行性行为且次数频繁者，子宫癌的发病率比一般女性要高得多，她们的生育功能也会受到影响。

4. 过早的性行为影响正常学习

青春期的孩子正处在学习的黄金阶段，正在为将来的工作积累知识、打着基础，如果经常偷偷摸摸与他人发生性行为，必然会牵扯学习方面的精力，对学业十分不利。

在一所学校的高三年级，有一名男生和一名女生，两个人的成绩都很优秀，同时都担任班干部。两人彼此都对对方有好感，趁一个周末男生父母没在家之机，两人没有控制住冲动，偷偷摸摸品尝了禁果，然而就是这错误的一步造成了无法挽回的局面。

一天，男生和女生一起回家时，女生忽然腹痛难忍，脸色苍白。男生以为她是阑尾炎，立即把她送到医院，值班医生检查了一下，表情顿时紧张起来，让护士赶快把妇产科医生叫了过来。等妇产科医生赶来会诊后，诊断女生是宫外孕，这时女生已经处于休克状态，立即被送到了手术室。做完手术，女生的命保住了，可却切除了一侧输卵管。

双方父母赶来后，又气又恨。女生父母嫌孩子丢了他们的脸，男生父母则恨铁不成钢，痛打了他一顿。两人为此还背了学校里的处分，从此学习成绩大幅下降，两人都只考上了一所普通的专科学校。只因偷尝一次禁果，就付出了这样沉重的代价，教训不可谓不深刻。

父母应多关注孩子性意识的萌芽，及时提供性知识教育。青春期的孩子逆反心理较重，如果只是一味强制孩子不看色情书籍、色情音像制品和色情网站，往往会适得其反。

父母应循循善诱，要让孩子懂得：性只是生活的一部分，要建立在很深的爱情的基础上才可以。当男孩真正爱上一个女孩时，他的出发点一定不会是性，而是只想和她在一起，一辈子去保护她、照顾她、疼爱她；女孩喜欢男孩也是一样，不会希望对方受到一丝一毫的伤害，这种爱是建立在精神上而不是生理上的。性就如果实，只有等到成熟后再去品尝，才能体验到甘甜，一如水到渠成般自然。匆匆忙忙地过早采摘，品尝到的只能是苦果。

过早体验性行为只会对孩子的心灵和身体造成伤害，性的果实只有到了一定的时候去品尝才是美丽的。在正当的年龄就要做正当的事情——青春期正是人生的黄金时期，在职场竞争激烈、社会压力巨大的今天，应把注意力和兴趣投入到学习、工作中去。这对于孩子自身的健康成长、将来的事业成就和幸福生活都有重要意义，决不可因贪图短暂的欢乐而毁掉了自己的青春甚至一生。

孩子的身体是脆弱的，不要让孩子用身体去尝试爱情的深浅，因为那巨大的代价对于脆弱的孩子而言是无法承受的。

法则 55　健康成长是第一要务

★　★　★　★　★

孩子的成长过程是生理和心理共同成长、成熟的过程。现在的孩子生理发育普遍提前，进入青春期后，身体发育加快，生理和心理的变化都非常明显。处在这一时期的孩子喜欢追求理想、探索人生、寻觅友情，对于知识的渴求亦日益迫切，尤其对性知识充满了困惑和好奇，他们多么渴望有正确的渠道来了解它们。

作为父母，不仅要关心孩子的学习，更要负担起孩子青春健康教育的责任，在生理、心理方面给孩子解惑和帮助。

1. 孩子青春期的生理变化

随着孩子青春期的来临，女孩体内的雌激素、雄激素开始分泌，身高有了突飞猛进的增长，乳房持续发育，皮肤变得晶莹剔透、光彩照人。更重要的是，随着月经初潮的来临，身体的性器官日趋成熟。当然，女孩月经初潮带来的不适也会让她紧张和不悦，从而影响学习和锻炼，这时父母（通常是妈妈）就要及时给予指导帮助。

首先，要告诉孩子月经是上苍送给女性的特殊礼物，是一种正常的生理现象，因为有了月经，她才具备了孕育后代的能力。通过指导，能消除女孩子在月经初潮时的羞涩心理和恐惧心理，帮助她们保持良好的心情；母亲还要指导女孩正确选择合适的内裤和卫生巾，保持经期的卫生，注意保暖，避免盆浴和用冷水洗澡。此外还要保持外阴清洁，注意营养，在经期不要食用生冷刺激的食品，不要因怕胖而减少营养的摄取。随着孩子乳房的继续发育，妈妈还要指导孩子如何选择合适的胸罩，并提供乳房保健方面的指导帮助。

男孩进入青春期后，随着生殖器官的成熟和性激素的分泌，不断产生精子和精液。在受到内外因素的刺激后，有时会出现精液从尿道流出的现象（大多发生在睡梦中），即遗精。

父母要及时给予孩子指导，让孩子知道这是一种正常的生理现象，既不用害怕，也不要感到难为情或有犯罪感。父母要教育孩子重视生殖器官的清洁卫生，并指导如何清洗，避免因不经常清洗容易发生阴茎头包皮炎；如果孩子有包茎或包皮过长的现象，可以带他到医院做个小手术，以免包皮内堆积分泌物形成包皮垢，从而引起感染。

2. 孩子青春期的心理变化

孩子心理的变化往往与生理上的变化密切相关。随着青春期的到来，孩子的性意识在觉醒，他们会通过网络、书籍等各种途径去搜寻、获取有关的性知识。他们会在路边小摊购买情色小说之类的书籍并偷偷传阅，他们会在路边小店观看有性内容的录像片，并且对有裸体艺术的绘画和摄影作品情有独钟。

因此，他们会萌发性冲动，甚至产生白日梦这样的性幻想。如果自我控制的能力差，有的孩子还会出现越轨的行为。有的孩子因此影响了正常的学习、生活和休息，严重的甚至影响到身体健康。有的孩子为了满足一时的冲动欲望，而进行通过玩弄或刺激外生殖器获得快感的自慰行为，这种情况在青春期的孩子们中间并不少见。虽然适度的性自慰行为对身体并无大碍，但如果不加节制，长期如此，势必会影响到身心健康发展。

在成长过程中，孩子时时会有心理上的问题，比如对自己的容貌不满意，和同学相处不好，友谊出现裂痕，心情不愉快，与父母老师难以沟通等。孩子也时时会对生理上的巨大变化感到困惑，比如有的男孩发现自己遗精却不知道怎么回事，以为自己生病了，上课的时候也没心思听讲，以至于学习成绩下降，最后为了转移自己的注意力，开始逃课去网吧上网。孩子有许多类似的烦恼需要倾诉，却无人倾听，需要他人帮助却求助无门。如果这些青春期的问题不解决好，将会严重影响孩子生理上的发育和心理的健康，也会影响他们学习成绩的提高。

因此，如何帮助孩子顺利地度过青春期这段特殊时期：成为父母必须正确面对的一个重要问题。作为父母，帮助和指导孩子了解自己的身心变化，消除青春期的许多困惑，对减少他们的青春期烦恼是很有必要的。只有让青春期的孩子得到生理、心理保健等方面的科学指导，孩子才能有足够的思想准备，科学的对待方法，和自我保健、调节的能力来面对生理、心理的不断变化。那么，父母应如何指导孩子保持生理和心理健康成长呢？

作为父母，首要的就是和孩子保持良好的沟通渠道。父母要耐心、真诚地听孩子表达他们的想法，当好"倾听者"；还要给孩子一定空间，允许孩子有他自己独特的想法，求同存异，让孩子自己独立进行思考。

在倾听的基础上，父母不能一味限制青春期孩子的自由，只要明确孩子的行为规范，点明孩子不得违反的规矩即可。父母要引导孩子正确对待青春期出现的一些生理、心理现象，对孩子的性欲冲动保持理智的态度，用科学的方法指导孩子认识性冲动以避免给自己带来不必要的烦恼。比如，可以指导孩子尽量做到按时作息，穿着的内衣裤要宽松来注意避免刺激性器官；教育孩子远离不健康的性信息，不浏览色情网站，不看淫秽读物和影视录像；父母在孩子面前做到言传身教，引导和鼓励孩子多参加有益身心健康的活动，遵守青春期的性规范；父母也要引导孩子，当有性方面的烦恼或者困惑时，要运用正确的方法和合适的途径去解决。父母还可以购买一些青春期健康教育的相关书籍让孩子自己学习。

父母尤其要重视教育孩子、特别是女孩子学会自我保护，要提醒孩子遇到自己不能解决的事时可以向父母或者可信任的长辈请教，这样既能很好地保护自己，也能找到让问题迎刃而解的办法。最重要的一点，是要引导孩子把重心放到学业上，不断进取，最大限度地统一个人的性心理需求和社会规范。健康成长是第一要务，只有生理和心理健康了，孩子才能健康成长！

法则 56　女孩要学会保护自己

★ ★ ★ ★ ★

女孩是这个世界上一道靓丽的风景，她们天真烂漫、活泼可爱，有女孩在的地方，总是充满了生机和活力。但是由于女孩身体的柔弱和身体构造的特殊性，再加上缺少判断力和自制力，她们比男孩更容易受到伤害。有女孩的家庭，父母时时都为孩子的安全捏着一把汗。

父母应当教育孩子，在日常交往中不可能只有灿烂的阳光，也要时时提防那些披着各种伪装的"狼"。一个女孩子仅有善良和单纯是不够的，还需要一点"戒心"，需要一点保护自己的智慧。父母不可能把女孩时时拴在家里，拴在自己的身边，因此，让女孩学习一下如何保护自己，实在是太重要了。

首先，应该让女孩有自我保护的意识。

作为一名女孩子，在日常交往中，无论在什么地方，什么场所，都应该保持"戒心"。不要给任何人机会来侵犯自己，哪怕是面对自己最信任的人也要时刻保持一颗清醒的头脑。当孩子有能力识破各种假象，才不致受骗上当、受欺侮，要知道，有些东西一旦失去就再也找不回来了。

其次，应该让女孩有认识上的准备。

虽然大多数时候生活都给了你灿烂的阳光，但生活毕竟也有其阴暗的一面。女孩普遍的社会经验少，有些复杂的社会现象会让她们难辨真伪。因此，父母要教育女孩做好认识上的准备，多认识一些社会现象，对增强女孩的识别力和提高自我保护的能力很有帮助。

女孩应当识别以下这些社会现象：社会上存在的现象并不一定都是正确的。不要以为社会上流行的，自己也可以仿效。比如未成年人去网吧上网，即使是存在的事情，也不一定适合女孩去做。比如泡酒吧，这样的场所显然不适合女孩涉足。最后，还应该让女孩遵照一定的行为准则。

第一，无论在生活中遇到什么样的事情，都要保持清醒的头脑来认真分析，要有主见，不要人云亦云，以为别人能做的自己也可以跟着做。

第二，女孩单独与男性交往时要谨慎，切不可轻信花言巧语。对于陌生的异性，或虽然相识但不知其底细的人尤其要谨慎。女孩的单纯和热情常常被有些不怀好意的人利用，因而常常容易受骗上当。女孩要保护自己，必须掌握"三不"原则：不随便接受异性的礼物，不与陌生的异性单独交往，不让异性接触自己的身体。

第三，女孩遇到突发情况时，要学会控制自己的情绪，尽量使伤害降到最小。女孩一旦受到不法侵害后，不要采取息事宁人的态度，而应大胆揭发，以免让自己继续受到伤害。

那么，在日常生活中，女孩具体怎样做才能有效保护自己呢？父母应该教育女儿要做到以下几点：

1. 尽量避免单独与陌生男子一起乘电梯，尽量靠近控制钮，一旦被攻击，立即用手拍打每层楼按钮，同时对外大喊"失火了"，不要徒手跟歹徒搏斗。

2. 手机通讯录全部用人名，不要用"爸爸"、"爷爷"等会暴露自己与家人关系的称呼，以免手机失落后被人敲诈。

3. 随时告诉朋友、家人自己的行踪。

4. 遇到危险时不要惊慌，与对方说话拖延时间，冷静周旋，伺机求救。

5. 避免与陌生男子独处，更不要喝陌生人给你的饮料或水。一个人去公共场所喝东西时，如果中途离开，回来后就不要再喝了，以免被下药。

6. 出入注意安全，尽量避免晚归和走偏僻小路。如晚归，应尽量走明亮处，回到家门之前早备好钥匙，不要站在门口找钥匙。小心门户，不要给陌生人开门。

7. 学习女子防身术，遇事沉着冷静，随机应变，可大叫"救火"引人注意，利用随身物品，如钥匙、包袋等作为反击武器，攻击对方眼睛、下体等容易攻击的部位。

8. 慎重对待婚前性行为，若不能避免，一定要采取安全措施。如果因此伤害自身，导致日后不孕，悔之晚矣。

9. 坚决不与陌生网友见面，即使和熟悉的网友见面，也不可独自赴约，并且要告知别人你的去向。

10. 与陌生人说话请多一个心眼。当然，也不必为了防止受伤而因噎废食，防卫过当完全拒绝与陌生人交往。但与陌生人交往需要具备起码的防备心理，毕竟多一个心眼，多十分的安全。

法则 57　爱一个不完美的自己

★ ★ ★ ★ ★

随着人类的进步，人类制造的痕迹几乎遍布了每一个角落：从锅碗瓢盆、食品到家用电器、航空母舰……人类在征服自然和改造自然的同时，还不忘对人类自身进行改造，整容无疑就是最直观的一种证明。

人的容貌是天生的，容貌对于每个人来说都是与生俱来的，如同生身父母一样是无从选择的。遗传基因决定一个人的容貌，从子女的容貌中或多或少都能看到父母甚至祖辈的一些影子。人们常说：某某和她母亲真像，从相貌到举手投足无一不像，简直就是一个模子刻出来的。

尽管随着年龄增长，人的容貌在经历了岁月的风霜后，会体现出幼年到衰老的逐渐变化，但它是在一个大框框内发展变化的，人原来长得什么样还是什么样。但是，在科学技术高度发展的现代社会，先进的医学技术让曾经的不可能变成了可能，整容就是适应人们主观需要而出现的新事物。

"整容"是近年来很热门的一个词，由于美丽几乎就是成功的代名词，几乎所有的女人都希望自己美丽动人。尽管美容不成反而毁容的事情也并不少见，仍有一部分不是天生丽质的女子，为了让丑小鸭变成白天鹅，毅然躺到了整容的手术台上，任凭手术刀把自己原装的一身零件重新人工打造一番。甚至有些男青年也来凑热闹，难怪有人调侃，现在已经进入了"人造社会"。

整容的大军以成年女性为主，但是初中生闹着要美容的也不鲜见。据报道，一名叫倩倩的 14 岁初中女生，因嫌自己长得丑，让妈妈同意自己去整容，并以不去上学作为要挟。原来，倩倩的同学经常在一起讨论偶像之类的话题，很多同学都会说这个同学很漂亮，长得像章子怡，那个同学很帅气，长得像刘德华，而相貌平平的倩倩却从未有人提起过。这让她心里觉得不好受，感到自己被忽略是因为长相太一般了，以至于埋怨妈妈把自己生得丑，执意要妈妈带她去整容，否则就罢课。

整容虽然已经被大多数成人所接受，但小小年纪的学生竟然也有整容的想法，确实令人惊讶，也给父母出了一道难题。

随着年龄的增长、眼界的开阔、知识的积淀，孩子知道了哪是真善美，什么是假恶丑，但有时还分辨得不是那么清楚。爱美之心人皆有之，人们总是向往美好的事物，就连孩子也不例外。从穿衣打扮上就能看出，如今的孩子衣着时尚而富有个性，流行什么穿什么，谁都想把最美的一面展示给同学朋友，常在暗地里互相攀比。

不可否认的是，容貌的影响也是真实存在的，但凡学校里帅气的男生和俊俏的女生，受到大家的关注程度总比普通学生高一些。长得好的孩子自然高兴，长相普通的则抱怨自己运气不好。

倩倩就是因为没有别的女孩漂亮，竟然动起了整容的心思，希望通过改头换面赢得同学们的关注和喜欢，以满足自己的虚荣心。在风靡全球的整容风的推动下，国内的大街上整容广告比比皆是，美容院遍地开花，倩倩正是受了社会上整容改变相貌的误导，才执意想做整容手术。

倩倩并不懂，整容并不能像神话故事一样，能按她的愿望变换容貌，它只是靠矫正身体的某个部位来达到改善整体的效果。何况，手术还会有失败的风险，不要拿健康和生命作为代价，去换取外表的美丽。

14岁的孩子正处于青春发育期，心理和生理发育并不成熟，往往会把简单的事情想得不同寻常，被深深笼罩在这种影响当中。这种心理特点导致了倩倩对自我形象的否定，对她造成了严重的心理负担，使她采取埋怨父母、不去上学等带有自我惩罚性质的行为。

但是，父母对此也具有责无旁贷的责任，应当及时注意孩子的心理变化，加强和孩子之间的交流和沟通。要告诉孩子，其实世界上没有任何一样东西是十全十美的，每个人既有自己完美的一面，也有自己不完美的一面。而且上帝总是仁慈的，他从不偏袒任何一个人，在给别人关上一扇门时总是为他打开另外一扇门。无论是面对自己的完美还是缺憾：都应该保持良好的心态。不是每个人都能心想事成，既然有些东西不是我们能改变的，那就让我们去适应他吧，相信总有好的一面在等着我们。孩子只有自我肯定，重树信心，才能够以正常的心态投入到学习和生活当中，否则就会对孩子的健康成长不利。

父母要让孩子懂得，真正的美绝不是整容就能整出来的，手术刀能改变五官和躯体的外形，却改变不了一个人的内在。只有具备美丽的内涵、气质、魅力和心灵，才会受到大家真正的喜爱，才会赢得真正的友谊。正如父母无法由自己选择，容貌也无法自主选择，但前途却是可以自己选择的，学生应当把学习放在第一位，如果没有将精力放在学习上，将来受损失的只能是自己。

青春期是一个躁动的人生阶段，父母一定要配合学校加强对孩子的引导教育，切不可把孩子的心理问题当儿戏。其实，孩子这时正处于身体发育期，包括外貌在内的整个身体都会发生显著的变化。俗话说，女大十八变，越变越好看。在雌性激素的作用下，丑小鸭长大后一样会变成美丽的白天鹅，不信可以看看，许多现在活跃在银屏上的美女明星，在学生年代也不过是貌不惊人的"丑女"。而如今看着貌美如花的明星，随着时间的流逝，在地球引力的作用下，她们的乳房也会下垂，皮肤也会松弛，眼角也会起褶子！

父母要告诉正处于青春发育期的女儿，整容万万不可！再不完美，这容貌和身体也是自己的，别再苛求自己，好好地去爱这个不完美的自己吧！

第九章

赏识教育：
创造孩子的可持续发展

如果父母把自己当园丁，而把孩子当成花园的植物，那么你肯定是失败的。因为一草一木从不会按你所谓的规律去生长。孩子自有主张，自有天地。他更想当另一个园丁，在自己的花园中栽一片姹紫嫣红。而你只需拍着他的肩膀表扬他，嗨，小子，玫瑰花种得不错！

法则 58　培养孩子的好奇心

★　★　★　★　★

好奇心人皆有之，而孩子的好奇心更甚。对于孩子来说，周围的世界是那样神奇和美妙，他们常会指着那些新奇的东西刨根问底：

飞机为什么能上天？打雷的时候天上为什么一闪一闪的？海边的小石头为什么颜色和形状各不一样？我为什么要在妈妈的肚子里待 9 个月，为什么不是待 5 个月？为什么晚上有时候能看到月亮，有时候却看不到？如此等等。

这些千奇百怪的问题常常让父母哭笑不得，又往往敷衍了事，还有的父母因应付不了孩子无穷无尽的问题而感到厌烦，甚至让孩子闭嘴。然而，父母可曾知道，好奇心正是孩子求知欲的第一步，是让孩子产生智慧的火花，更是促使他们学习的原动力。

父母可千万不要忽视孩子的好奇心，这里面往往蕴藏着不可预测的潜能。有关专家在研究几所著名学府高才生的学习动机时，发现他们所有的学习动力都来源于好奇心。而世界上许多天才的发明往往也都来源于好奇心，比如牛顿对落地的苹果产生好奇，发现了万有引力定律；伽利略对吊灯摇晃产生好奇从而发现了单摆……

只有好奇心强的人才能够保持旺盛的求知欲，并在寻找答案的过程中体验乐趣，这种乐趣会更进一步激励他去继续探索未知的领域，并大大促进其智力的发展。可见，培养孩子的好奇心是多么重要。那么，父母应该如何培养孩子的好奇心呢？

1. 重视孩子的问题

随着孩子渐渐长大，他的好奇心也越来越强，"为什么会这样""为什么会那样""这是怎么回事"等类似的问题五花八门。孩子这种打破沙锅问到底、不撞南墙不回头的劲头，常常让父母头痛不已。其实这种凡事刨根问底的精神正是智力教育的精髓，父母尤其应该给予支持和引导。

孩子有问题时，首先父母要注意倾听，做孩子忠实的听众，这是对孩子好奇心的最好支持。父母如果采取不屑一顾、厌烦甚至嘲笑的态度，随意说出"烦死了，正忙着呢，别捣乱！""你怎么连这么简单的问题都不懂！"等损伤孩子自尊心的话语，就会使孩子感到沮丧和挫折感，以后有类似的问题不再提问，好奇心便渐渐泯灭了。

正确的态度是父母面带微笑，目光注视着孩子，做出倾听孩子说话的姿态，并且表达出对问题的兴趣，如"你问的这个问题很有意思"，"居然还有这样的事情"等等。

父母回答孩子的问题时也需要讲究技巧。孩子的问题五花八门，千奇百怪，父母也并非精通于《十万个为什么》，不可能事事都知道。这时父母不能一味推脱了事，而应如实告诉孩子："这个问题，我也不是很懂，让我查一下资料再来告诉你。"

对于年龄稍大的孩子，父母可以和他一起来查资料或者请教他人，使孩子认识如何通过多种多样的渠道来获得新知识，比如查阅书本，浏览相关网站等。

2. 启发孩子思考，鼓励他自己寻找问题的答案

对于孩子提出的一些问题，父母有时不必急着告诉他答案，可以启发、引导他们自己去探索和寻找问题的答案，这样可以让孩子从中感受到探索的乐趣和找到答案的成就感，从而产生更加旺盛的求知欲望。

同事带儿子嘉嘉上街，买了一件玩具，是一只可爱的小鸭子。卖玩具的伯伯告诉嘉嘉，把小鸭子泡在水里它就会不断地长大。嘉嘉很好奇，一个劲地问爸爸："小鸭子真的会长大吗？能长到多大？真有这么神奇？"

爸爸没有直接告诉嘉嘉答案，而是对嘉嘉说："你试试不就知道了。"于是嘉嘉把小鸭子泡到水盆里，然后不住地去观察。当小鸭子真的慢慢"长大"了时，嘉嘉非常兴奋，同时又有了新的问题，"为什么小鸭子真的会长大？"于是爸爸便和嘉嘉一起探索，发现小鸭子玩具是用橡胶做成的，橡胶吸收了水分会慢慢膨胀，所以小鸭子也就慢慢"长大"了。通过嘉嘉亲自动手实验，不但满足了他的好奇心，还锻炼了他的观察能力，使他获得了新的知识。

3. 正视孩子的"破坏行为"

爱迪生小时候好奇心特别强，他为了验证干草可以燃烧，竟用火点燃了仓库里的干草堆，以致酿成火灾，把父亲辛苦积攒的草料全部烧光。

现实生活中孩子的破坏行为也很多，他们的头脑中一旦出现新奇的念头，就会毫不顾忌地付诸行动：有的孩子为了弄明白玩具汽车为什么跑得很快，而把汽车拆得七零八落；为了想弄明白电视机屏幕上的人是怎么进去的，而跑到电视机后面不停地拍打；为了想看看鱼儿离开水到底能不能活，而把父母买来的珍稀品种捞出鱼缸。

诸如此类，大都是因为孩子的好奇心而引起的。对此，父母要正确处理，切不可不分青红皂白就指责孩子，而应该耐心地引导、教育孩子。下面这位父亲的做法，就值得各位父母借鉴。

有位爸爸给孩子洋洋买了好几台玩具车。洋洋发现，它们跑起来有的速度快，有的速度慢。洋洋很好奇，就自己动手把几台玩具汽车全拆了，还拆坏了不少零件。

爸爸看到后，问明原因，没有打骂洋洋，而是给他讲述玩具车的构造原理和安装方法并介绍玩具车的正确使用方法让洋洋学会爱惜。洋洋因此明白了，汽车的速度取决于发动机，在爸爸的鼓励和指导下，洋洋把还没损坏的零件重新改装成了新的汽车，他也因此对机械知识产生了浓厚的兴趣。

所以，父母应放开手脚，让孩子的好奇心在实物操作中被激发出来。

如果说孩子的知识启蒙需要一把金钥匙，那么这把金钥匙就是孩子的好奇心。为了把握好这把金钥匙，请父母不要太溺爱孩子，也不要过多约束孩子，放手让孩子去做事吧。只有这样才能培养孩子的好奇心，开启通向未来科学的大门。

法则 59　给孩子的想象力插上翅膀

★ ★ ★ ★ ★

爱因斯坦说过：“想象力比知识更重要，因为知识是有限的，而想象力概括着世界上的一切，推动着进步，并且是知识进化的源泉。”

在人的智力活动中，想象力占据着至关重要的地位，想象力是智力活动的基础，是创造活动的翅膀；人类要创造新生活就不能没有想象，没有想象力便没有人类的进步；如果没有想象力，我们的祖先也许至今还裹着兽皮蜷缩在树上或者山洞里；现在这个美好的世界正是人类通过想象力创造出来的，而这个世界也将因想象更加美好。所以，父母要从小培养孩子的想象力，给孩子的想象力插上翅膀。

然而许多父母望子成龙的心情过于迫切，过早地用成人的思想和观点对孩子进行填鸭式教育，常常对孩子过于幼稚的想象不屑一顾。当孩子进入学校之后，接受了许多所谓规范的教育，老师更是常常把自己的观点强加给学生，推行所谓标准化答案，把许多孩子的想象力都扼杀在了摇篮中。

一个想象力贫乏的孩子，他思考问题的思路必然狭窄，也不可能有很高的分析问题和解决问题的能力。缺乏想象力不利于孩子创造能力的培养和发展。对于孩子的想象，父母首先应该爱护，不管是想象中幼稚的一面，还是创造的一面，都是孩子智慧的火花，父母都要加以珍惜和爱护。

孩子许多美好的想象如同稚嫩的种子，如果得到父母的精心呵护和引导，就能成长为参天大树。父母应当鼓励、启发孩子大胆想象，顺势而为，培养孩子的想象力，为孩子进行各种创造性活动提供条件。

那么，父母应当如何培养孩子的想象力呢？

1. 通过编故事培养想象力

孩子小时候都特别喜欢听爸爸妈妈讲故事，也喜欢把听来的故事复述给大人听，而在这个过程中，大部分孩子对这些故事都作了改编。这既是锻炼孩子语言表达能力的好机会，也是培养孩子想象力的好机会。父母要抓住时机，要积极鼓励孩子，切不可粗暴打断。

有一个孩子给父母复述《狼和小羊》的故事，孩子不喜欢故事的结尾，觉得小羊被凶恶的狼吃掉太可惜了，便按照自己的想象对故事的结尾进行改编：小羊一边喊救命一边奔跑，狼在后面追，不料一下掉进了猎人布置的陷阱中再也上不来了，小羊得救了。然而孩子的父母却很生气，批评孩子不专心听故事，讲得不对。孩子感到很委屈，连听故事的兴趣也没有了。

其实父母扼杀的不止是孩子听故事的积极性，还连同孩子的想象力一起扼杀了。而擅长教育的父母在给孩子讲故事时，都是故意留个结尾让孩子去想象。父母还可以给孩子一个主题让孩子自由发挥去编故事，并适时地肯定孩子的努力。这样，孩子的想象力就会越来越强。

2. 通过游戏培养孩子的想象力

孩子的想象往往异常大胆，而且对周围事物的好奇心特别强，积木、拼图等游戏材料是引起他们想象的物质基础。父母要尽可能支持孩子参加各种游戏活动，让他们在游戏中积极主动、无拘无束地发挥丰富的想象力——把几个小板凳排成一列火车，把一块手帕变成布娃娃的新衣服，用几块积木搭成一座大碉堡……

不要小看玩游戏对想象力的开发作用，你知道吗？望远镜就是一个孩子在游戏中发明出来的。17世纪初期，荷兰一家眼镜店门前，一名叫汉斯的孩子偷偷拿了父亲店里几块镜片，正在和几个小伙伴在一起玩游戏。其中有一个孩子比较调皮，他一手拿着近视镜片，一手拿着老花镜片，把它们一前一后举到眼前。他向远处一望，突然惊喜地发现，远处教堂的尖塔一下子变近了。孩子在游戏中竟发现了可以望远的透镜！后来汉斯照着这个方法做了一架望远镜。再后来，伽利略照着这个望远镜设计出了天文望远镜，从此为人类打开认识宇宙的大门。

3. 通过丰富孩子生活经验培养想象力

孩子生活经验的积累直接影响到想象力的深度和广度。父母要有意识地让孩子广泛地接触大自然观察和体验生活，为培养孩子的想象力创造良好的条件。

小诗人任寰童年的生活经历十分丰富，爸爸妈妈带她去过许多地方，从南到北，从草原到高山，足迹遍布全国各地。她见过松花江、太阳岛、白洋淀、黄河；她喜欢草原的无名花朵，喜爱山野的各种昆虫，从丰富多彩的大自然中她获得了无数的灵感，焕发出丰富的艺术想象力。她 7 岁写诗，9 岁发表处女作，现已多次获国际、国内文学奖。

4. 通过想象能力训练培养想象力

进行想象能力的训练有利于培养孩子的想象力。

曾经有位画家以"深山藏古寺"为题让三个孩子作画。其中一个孩子在高山中间画了座寺院；第二个孩子在山峰、松柏间画出了古寺一角；第三个孩子未画山也未画寺，画家却夸赞他画得最好，因为他画了数级石阶通向小溪，一个老和尚在挑水。画里虽不见古寺，古寺反而因人们的想象而跃然纸上。

对孩子想象能力的训练可在日常生活中进行，比如父母可以让刚上小学的孩子尽可能地想象一下，如果放学时父母没去接他，他应该用什么办法才能回家；还可以让孩子想象一下，如果给孩子一个一次性纸杯，他能说出多少种新用途；或者给孩子吹风机，让他想象一下，吹风机除了吹干头发还能用来干什么。对这些问题，孩子常常能想出十几种答案，而这些奇思妙想则可以帮助孩子开拓思路、发展智力，让孩子思考问题的积极性更高，想象力也得到突飞猛进的发展。

孩童时期是一个人的想象力迅速形成和发展的时期。放养你的孩子，让他在想象的世界里任意驰骋。当孩子的想象力插上翅膀时，他会飞得更高更远。

法则 60　别阻碍他探索世界

★ ★ ★ ★ ★

现在的孩子大多是独生子女，所处的生活环境和父辈大不相同：他们天天与书本、电视、电脑在一起，不能上树掏鸟蛋，下河摸鱼虾。他们根本就体验不到什么是冒险的乐趣，因此自立精神和心理素质普遍不及父辈。现在的父母重视的往往是孩子智力因素的培养，只要孩子需要，多大的本钱也舍得投资，偏偏忽视了对孩子冒险精神的培养。

父母总是把孩子视为弱者，总是怕孩子不安全，于是给了孩子太多的限制，对孩子呵护备至，不让碰这、不让动那。父母总是告诉孩子过马路多么危险，会有车祸，会有骗子，弄得孩子总是胆战心惊，从而导致很多孩子养成了胆小懦弱的性格。比如有的孩子十几岁了睡觉还必须有人陪，怕打雷、怕黑夜、怕登高……其实，父母应当意识到，缺乏冒险精神的孩子极有可能输在起跑线上，长大了很可能意志薄弱、性格消极、缺乏独立性和责任感差，难以在社会上立足。

敢于冒险的精神，是一个国家和民族前进的动力，孩子则代表着一个国家的未来，如果孩子缺乏冒险精神，那将来的社会也会死气沉沉、缺乏动力。所以，如何把孩子培养成为敢于冒险的下一代，就成为当务之急。父母应该特别重视并从小培养孩子的冒险精神，别阻碍孩子探索世界的脚步。

1. 父母给孩子树立勇敢的榜样

父母在孩子面前的表现要大胆。很多母亲在见到突然窜出的老鼠或听到突发的声响时，会失声惊叫，孩子见到此景也会吓得手足无措。

男孩子喜欢登梯爬高，父母此时不要大声吓唬孩子："掉下来就没命了。"这样会使孩子的胆量越来越小。父母应该赞赏男孩子勇敢刚毅的表现，鼓励他们的独立性和创造性。同时要给孩子讲清如果想爬高最好要有大人的保护。这样既能增加孩子的安全意识，又保护了男孩子活泼好动的性格。

2. 循序渐进，激活孩子的冒险精神

许多在大人看来是正常和熟悉的事情，在孩子的心中却充满了新奇和刺激。因此，父母在培养孩子的冒险精神时，不妨站在孩子的立场上来换位思考，按照孩子的生长特点，循序渐进，引导孩子的冒险精神。

比如，孩子刚学走路时，摔跤总是难免的。父母要让孩子独立前行，即使摔倒了，也要鼓励孩子自己爬起来继续前行；孩子上幼儿园时，在安全有保障的前提下，父母要鼓励孩子荡秋千、玩滑梯、跳蹦床等。到孩子五六岁时，在确保安全的前提下，可鼓励孩子学游泳、学骑自行车。

当然，在孩子各种条件允许的情况下，还可以让孩子玩玩过山车、滑雪、攀援陡峭的山壁、高台跳水和漂流等活动，让孩子尝尝"冒险"的滋味。在冒险的过程中，孩子既寻找到了刺激，又开阔了视野，培养了冒险和探索的精神。

3. 正确引导孩子的一些冒险行为

在孩子的眼里，这个世界充满了未知数，探索这个新奇的世界可以说是孩子的天性。有很多孩子好奇心总是特别强，父母给他买回家的高档玩具还没过夜，就已经给拆得七零八落了，再也不能恢复如初。家里的各种电器如照相机、音响、游戏机、学习机、收音机等，父母一个没注意，就统统变成了一堆零部件。不可否认，孩子的这种破坏行为其实是一种难能可贵的冒险和探索精神，需要父母正确看待、正确引导。

首先，需要父母肯定的是，孩子的这种冒险行为是一种积极探索未知领域和未知世界的行为，是创造型人才不可缺少的品质，不懂就是不懂，绝不会不懂装懂，既然不懂那就想方设法去弄懂这个问题。因此，当我们的孩子犯了这样的"错

误"时，父母定要就事论事，要肯定孩子的探索精神，切不可将孩子可贵的冒险精神在萌芽状态就一棒子打死。

其次，父母要注意帮孩子解答困惑，从最基本的设计原理入手，引导孩子弄清疑问之处。比如，对讲门铃为什么能对话？为什么在楼上就能打开楼下的大门？当然，解释这些问题时，不能用枯燥的专业原理来对孩子讲解，应该运用孩子所熟悉的事物，通过举例说明等方式，以孩子能听得懂的语言说明。父母如果能指导孩子将拆开的东西重新组装好，那就更好了。如果父母发现孩子对拆装东西兴趣较大，父母则可用低廉的价格从二手市场买回一些零部件，并指导孩子进行组装。这样既提高了孩子的动手能力，又培养了孩子的探索精神。

最后，父母需要从安全方面和商品的价值方面向孩子讲清楚，这些商品都是父母通过努力工作而花钱买回来的，有很大的使用价值。如果随随便便弄坏了，既是极大的浪费，也是不尊重父母劳动的表现。父母可以和孩子商量，如果确实对这些商品感兴趣，想拆开来看个究竟，父母可为他提供帮助：一是父母可以指导孩子动手进行重新组装，二是可以进行废物利用。

4. 帮孩子树立正确的观念

培养孩子的冒险精神，并不是一味放纵孩子乱来。父母应该明辨是非，需知孩子无法无天的胡来绝不是冒险精神，不要为了培养孩子的探索精神和冒险精神而纵容了孩子的不良习惯和不良行为。

如果孩子有违反社会公德、损人利己的行为，甚至是违法犯罪的行为，父母一定要严厉批评，严加管束，合情合理合法地对待。至于那些孩子对未知世界和领域的积极探索行为，父母则应该给予大力支持和引导。

5. 教给孩子应变的知识和技能

随着社会的迅速发展，安全隐患持续增多，父母应教给孩子足够的知识和技能，让他懂得冒险必须控制在安全的范围之内。如孩子很想知道电的威力，父母可以与孩子一起做实验，让两根电线相碰发出火花，烧掉一些纸张等。

这样既满足了孩子的冒险精神，也让他懂得了更多的知识。给孩子适当冒险的机会，别阻碍孩子探索世界，让孩子在探索世界的过程中得到锻炼和考验，从而更好地成长。

法则 61　让孩子勤于动脑解决问题

★ ★ ★ ★ ★

孩子在遇到问题时能否勤于动脑，通过自己思考寻找到解决问题的办法，对孩子的成长极为重要。所谓勤于动脑，即是勤于思考问题。

英国物理学家卢瑟福对思考非常重视。有一次，他发现一位青年学生深夜还待在实验室里，便问他白天的时间用来干什么了。学生回答说在做实验，卢瑟福又问学生晚上的时间干什么了，结果学生还是给出了同样的回答。卢瑟福非常生气，批评那个学生说："你把所有的时间都用来做实验了，那你用什么时间进行思考呢？"

爱因斯坦也说过："学习知识要善于思考、思考、再思考。"科学家与普通人的区别在于科学家更懂得思考，科学家的成就都是长期思考获得的结果。学习生活技能要思考，学习文化知识要思考，进行科学研究和创造发明要思考，如何完善自己的人生更需要思考。可以说，思考是人类一切创造力的源泉，无论什么事情，没有思考，将不会出现完美的答案。

许多人都有这种体验，那些死记硬背、囫囵吞枣学来的，没有经过思考的知识，很快就会忘得一干二净，那些经过充分的理解和思考得来的知识却能牢牢记住，一辈子忘不掉。正所谓"学而不思则罔"，"思而得之则深"。

孩子都有好奇心，都喜欢提问题，然而很多父母总是迫不及待地就把问题的答案告诉孩子，哪怕孩子自己还在苦苦思索解决问题的办法。孩子的问题看似轻松解决了，却不利于培养孩子思考的习惯，长此以往会使孩子产生依赖性而懒得动脑，不利于孩子智能的发展。"刀不磨要生锈"，只有勤于动脑解决问题的孩子，才会有更强的求知欲和创造力。那么，父母应当如何培养孩子勤于动脑的习惯呢？

1. 引导孩子去思考

父母遇事思考的方式往往会在无意识中影响到孩子。在日常生活中，父母要有意识地教孩子进行思考，每做一件事情都要告诉孩子自己的想法，然后可以让孩子说说，如果他来做这件事情，他会怎样做？为什么要这样做？然后父母再给孩子分析一下对错。这样孩子很快就能养成遇事多问几个为什么的好习惯。

如果孩子不喜欢主动提问，父母可以放下架子，甚至明知故问，向孩子请教一些问题，让孩子充当老师。平时家里的一些疑难问题，父母也要主动和孩子商量，创造更多的机会引导孩子学会主动去思考问题。

2. 培养孩子养成独立思考的习惯

当孩子遇到难题求助于父母时，无论问题的大小，问题是否愚蠢或者可笑，父母都应该感到高兴并给予鼓励，千万不要急于告诉孩子解决问题的方法，而是循循善诱地引导孩子动脑筋解决问题。父母可以从多个方面启发孩子：应该怎样运用自己学过的知识和经验去分析这个问题，如何利用书本和网络等其他途径去寻找参考资料等。当孩子经过一番努力和思考，终于找到解决问题的方法时，他会因进一步丰富了自己的知识和经验而充满成就感，从而养成遇到问题勤于动脑的习惯，思考问题的能力也会随之提高。

3. 用故事启发孩子进行思考

父母可以和孩子一起，多阅读一些聪明人动脑筋的故事。

有这样一个故事：

徐文长小时候就是个聪明的孩子，喜欢动脑筋思考，连大人都难不住他。有一天，徐文长的伯父领着他到座竹桥边，只见竹桥贴着水面，桥身只容一人通过。伯父让徐文长把两只装满水的水桶提过桥去。

徐文长略一思考，就用两根绳子把水桶栓住，再把木桶放到水里，提着两根绳子轻松走过了竹桥。伯父许诺要奖励他一件礼物，却把那件礼物吊到一根长竹竿顶上，还不准徐文长站在凳子之类的东西上去取礼物，更不能把竹竿横倒。徐文长开动脑筋，他把竹竿竖着放到了一口井里，当竹竿快全没进井口时，他顺利地拿到了伯父的礼物。

父母可以启发孩子，如果遇到类似的问题，你会怎样做？为什么徐文长提着水桶能轻松过桥？这样孩子就会明白徐文长是利用水的浮力作用，而且利用水的浮力可以让人省力。以后遇到类似的问题孩子就会开动脑筋，思考一些让自己省时省力的办法。

4. 让孩子突破常规的思维模式

曾经看到过一个有趣的思维模式的问题：

有一位聋哑人，来到五金商店买几根钉子，对售货员做了一个手势：左手食指立在柜台上，右手握拳做出敲击的样子。售货员先给他拿来一把锤子，见聋哑人摇头，于是售货员就明白了他想买的是钉子。接着进来一位盲人，他想买一把剪刀，这位盲人将会怎样做？

很多人认为盲人肯定会伸出食指和中指，做出剪刀的形状。而实际上，盲人想买剪刀，根本没有必要打手势，只需开口说"我要买剪刀"就可以了，猜错的人这时就是受到了常规思考模式的局限。

影响思考的因素是多方面的，有时习惯性的思考模式反而会阻碍人们的正确思维。所以父母要培养孩子理解问题的全面性，不要局限于常规的思考模式。父母应鼓励孩子从多个角度去考虑问题，多站在别人的角度思考问题，多设身处地去体会别人的感受，了解别人的想法。有益于孩子思考并能激起孩子兴趣的问题，常常是那些不易回答、且有几个答案的问题，而不是那些只有一个标准答案的问题。

其实生活中处处有教材，处处皆学问，只要父母是有心人，在生活中时时处处都可以提出问题，并引导孩子勤于动脑思考问题，培养孩子解决问题的能力。这将是孩子能否成才的关键。

法则 62 让孩子用自己的眼睛观察世界

★ ★ ★ ★ ★

应该说，父母是天底下最了解自己孩子的人，因为血缘关系，因为朝夕相处。然而，父母也可能是最不了解自己孩子的人，因为年龄的代沟，因为立场的差异。生活中，有谁敢说没有遇到过这些现象呢？

妈妈带着孩子逛商场，孩子逛一会儿就没了耐心，直嚷着要回家。妈妈劝孩子，这么多好看的衣服和玩具，这么多可口的食品，再逛一会儿吧？可是孩子坚持要回家，妈妈只好蹲下来安慰孩子，这时候妈妈一抬头，吓了一跳，这才明白孩子不爱逛商场的原因，原来孩子个头矮，他的目光所及之处除了冰冷的柜台，便是大人们来回穿梭的大腿。原来对孩子而言，逛商场并非乐趣，简直枯燥乏味之极。

爸爸带着儿子去爬长城，由于正值旅游旺季，长城上的游人实在是太多了，其中不乏各个国家、各种肤色的外国游客。站在长城上极目远眺，蜿蜒盘旋的长城是那样雄伟。

爸爸心想，儿子这回算是开了眼界、长了见识了，于是问孩子："今天在长城上都看到什么了？"

没想到儿子却说："看到了很多很多的屁股。"

如果当时爸爸有意识地蹲下来，力求与孩子的视角一致，就会知道儿子除了"很多很多的屁股"，实在是什么风景也没看到。

没有哪个父母不爱自己的孩子，可是怎样的爱才算是最好的爱？这些生活中的例子告诉我们，孩子的眼睛与成人的眼睛是不同的，即使是看同样的东西，孩子跟成人的感觉也可能完全不一样。要让孩子用自己的眼睛观察世界，体会世界，不能什么事都替孩子做选择，更不能用父母的思想来约束他们。

父母要想教孩子东西，首先要确定孩子能看到什么，是怎么看的；其次要捕捉孩子看到的信息，去了解他们为什么会这样看。尤其是父母认为非常奇怪或者错误的认识，可能正反映了孩子的理解能力，以及孩子可能要学习到的内容。

曾经看到这样一个故事：

有个妈妈带着儿子去街心公园玩，儿子很快融入到一群小朋友中间，在草地上玩耍起来。后来妈妈看到几个孩子都趴在地上看着什么，于是就走了过去，原来孩子们在看几只蚂蚁爬来爬去。这个妈妈本身是很讨厌蚂蚁的，因为她的厨房里一到夏天就有蚂蚁出入，常常用很多办法都无济于事。她担心蚂蚁会爬到儿子身上，正想阻止儿子远离这些"害虫"。

这时候有个淘气的男孩捻死了一只蚂蚁，儿子立即阻止那个男孩："不要杀死它！不要杀死它！"

妈妈以为儿子胆小，于是她问儿子："你为什么要阻止小朋友杀死蚂蚁呢？"

儿子毫不犹豫地回答："小蚂蚁虽然小，可那也是一条生命啊！"

简简单单一句话瞬间就让这个妈妈感动了，她很庆幸自己还没来得及告诉儿子蚂蚁是"害虫"。

同样的两个孩子，对待同样的小生命，态度为什么竟有天壤之别？在日常生活中，父母总是试图抓住一切机会，尽其所能将自己的知识灌输给孩子：这是好人或者这是坏蛋，这是对的或者这是错的，这是好的或者那是坏的。

当父母将各种事物贴上代表自己意见的标签并传达给孩子的时候，可曾想过到底什么才是我们应该告诉孩子的，什么是不应该告诉孩子的？就让孩子用自己的眼睛去观察这个世界吧！孩子看到了什么就是什么，这样孩子看到的世界才是他本该看到的真实世界。

父母千万不要用自己自以为正确的答案去混淆孩子的视听，因为父母常常会忽略了孩子的"视野"和"角度"，其实孩子大量的常识和经验，甚至观察力和交往能力等恰恰是通过这个视野和角度形成的。如果父母忽视了孩子平时好奇的观察、热切的询问，那么请不要为以后孩子"不爱动脑""不懂好坏"等表现奇怪吧！

当孩子遇到问题时，父母不但要寻找原因，也要试图寻找答案。如果父母根本不清楚孩子的"为什么"，又怎样去进行"怎么办"呢？如果父母想知道你有多少想法能与孩子不谋而合，想知道你对孩子的事情到底能理解多少，那么请父母蹲下来，顺着孩子观察世界的角度看过去，和孩子一起体验成长吧！

父母要切记，孩子无论大小，都会有自己独特的表达方式，如果你弄不明白孩子的需求，请尽量多给孩子一些表达的时间；要设法去理解孩子，不妨尝试一下孩子的表达方式，看看孩子如何反应；当孩子一定要拉着你到另一个地方去的时候，只要你跟着他，就会很快明白，原来那个"神秘"的地方其实是你熟视无睹的地方，或者是你根本没有看到、也不可能看到的空间。

当父母不知道孩子在看什么的时候，请尽可能调节到和孩子一致的高度，顺着孩子的视线去看一看，可能你会发现还有一个你所不熟悉的世界，尝试将你看到的东西与孩子交流。

父母如果实在搞不懂孩子在玩什么花样，请在一旁耐心等待，然后尝试一下你本已忘记的童年活动——学着孩子的样子玩玩泥巴、吹吹肥皂泡，也许你会突然体验到这极不体面的游戏原来竟是趣味无穷！

放养你的孩子，让孩子用自己的眼睛去观察世界，明辨是非，只要父母和孩子在平等的情感沟通基础上交流互动，不断了解和欣赏孩子，相信孩子一定会健康成长。

法则 63　保留孩子的发言权

★ ★ ★ ★ ★

孩子是家庭中最重要的一员，因为绝大多数的家庭都只有一个孩子，含在嘴里怕化了，捧在手里怕摔了。然而，孩子又往往是家庭中最没地位的一员，因为许多父母在决定一些事情时往往把孩子排斥在外，从不考虑孩子的意见。

如果决定的是大人之间的事情也就罢了，可是有很多事情完全是与孩子的切身利益密切相关的，比如，要不要给孩子报特长班，给孩子买什么颜色的衣服，什么样式的鞋子等，父母也往往越俎代庖了。长此以往，孩子就失去了自己的发言权，对于任何事情都失去了主动性，习惯于被动等待别人的安排，做事没有自己的主见。

邻居家有个上三年级的儿子张宇，从上一年级开始，便在父母的安排下不停地学习，参加英语补习班、数学补习班、作文提高班。然而，这些都不是他喜欢的，每次去上课都是硬着头皮去。张宇平时喜欢小制作，想报一个制作模型班，当他终于鼓起勇气告诉父母时，爸爸却呵斥说："学这个班有什么用，难道我们花钱让你在那里玩，能提高你的学习成绩吗？"

张宇不敢吭声了。后来，张宇再有什么想法，因为怕说出来会遭到父母的训斥，也不敢跟父母说了。在父母的眼里，张宇成了个听话的乖孩子。

其实，孩子虽然年龄小，但总归是家庭的一员，他完全有权参与讨论和决定那些关于自己和家庭的事情。父母不要以为孩子是自己生养的，就可以随便替他做出决定。孩子是家庭重要的一分子，在许多事情上，父母应该保留孩子的发言权，让孩子畅所欲言。

小凡平时喜欢运动，他想报名参加学校的乒乓球训练班，但是这个班的训练时间是在每天放学后，如果报名参加，这就意味着小凡以后的自由时间更少了。那样的话，他每天放了学，然后就要去训练，到天完全变黑了才能回到家，没有了和小伙伴们玩耍的时间。而且，他回家后就得赶紧吃饭、做作业、睡觉，时间非常紧张。

父母便和小凡坐下来商量这件事，首先父母表示尊重小凡的意见，并给出了自己的看法：如果想要每天放学后有一段自由玩耍的时间，那么就不要报这个训练班；如果能够接受没有玩耍的时间，就可以报这个训练班。

父母用商量的口气郑重地对小凡说："这是个很重要的问题，这件事爸爸妈妈想听听你的意见。"

小凡经过思考后，还是决定报名参加乒乓球训练班。他说，虽然累点，但是他很喜欢这项运动，这就足够了，而且训练并不影响他和小伙伴们的交流。

父母如何才能保留孩子的发言权，让孩子畅所欲言呢？父母需要做到以下三点：

1. 学会与孩子商量问题

解决任何一个问题，父母都可以和孩子就事论事，在理解和尊重孩子的基础上通过商量，形成解决问题的意见或者办法。比如，父母看到孩子迟迟不睡觉，就可以和孩子商量：你现在是不是困了？你看咱们是不是抓紧时间休息的好，不然，你确定明早能够按时起床上学吗？

孩子看到同桌换了一个新铅笔盒，就闹着也想买一个新的，父母也可以和孩子商量：你的铅笔盒是上个月才买的，还很新，你确定要把它扔掉再买一个新的吗？你觉得是不是有点浪费呢？这种商量的方法，一定会产生让父母意想不到的好结果。

2. 让孩子自己做主

有的父母常常自相矛盾，一边要求孩子听自己的话，一边却又责备孩子独立性差，遇事唯唯诺诺，什么事都要父母操心。试问，关在笼中的鸟，你怎么能奢望它飞上蓝天呢？父母不要把孩子的顺从当成是一种美德，更不应该表扬习惯于顺从父母意志的孩子，应鼓励支持孩子主动地去思考，让孩子自己做主。

小鹏是个五年级的学生，有一天中午他放学回家，跟妈妈要十块钱。妈妈一愣，因为小鹏是个从不乱花钱的孩子，妈妈没言语。

小鹏接着说："我说了您可别生气，我的计算机课本丢了，可明天就要上计算机课了，我想拿同学的课本去复印一本。"

妈妈问："你知道去哪儿复印吗？"小鹏说："我知道，我们学校附近就有一个复印店。我已经去问过了，印彩色的，要二十块钱，可我的零花钱只剩十块了，所以才再跟你要十块钱。"

妈妈十分惊讶，因为，小凡从来没自己做过这样的事情，妈妈问他："你为什么不提前和我说，让我去给你复印呢？"

"跟你说，我怕你生气。"

小凡以为妈妈会对他大加指责，谁知妈妈并没有指责他的先斩后奏，而是对他说："你已经是个大孩子了，自己的事情可以自己做决定了，妈妈信任你！"

晚上，妈妈看到小凡复印好的彩色课本，还夸奖了他。

当孩子向父母征求意见时，父母不妨放下你的架子对孩子说一声："这是你自己的事，还是你自己做主吧，你一定能做好的。"或者说："注意事项我都给你讲了，至于怎么办还是由你自己决定吧。"相信孩子会做出正确选择的。

3. 给孩子一个辩解的机会

当孩子犯错时，父母常常不经过调查就对孩子的行为妄加指责，而且不给孩子辩解的机会。如果孩子经常被剥夺发言权，渐渐地就会放弃为自己辩解的权利。因此，当孩子犯错时，父母一定要冷静地对待孩子的过错，孩子做错事的初衷往往是好的，孩子做错的事也许情有可原。所以，应当尽可能给孩子解释的机会，以便了解事情的真相。这样既保留了孩子的发言权，又有助于了解事实的真相，从而避免无端地误解孩子，给孩子造成伤害。

"真理面前，人人平等"，父母没有理由堵住孩子的嘴巴。保留孩子的发言权，让孩子把想说的说出来，畅所欲言吧！

法则 64　行万里路，走出自己的活法

★ ★ ★ ★ ★

清代人钱泳在《履园丛话》中说："读万卷书，行万里路，二者不可偏废。"意思是说：一个人要想开阔视野，增长见识和能力，既要博览群书，又要走出家门开阔视野，让自己的所学在实践中得以运用，见多才能识广，二者缺一不可。

然而，"读万卷书，不如行万里路"。即使书读得再多，书中的知识毕竟是有限的，只读书不行路，如同人吃了很多饭而不能很好地被身体吸收，徒然增加身体的负担；只有学以致用，亲自走出门去看一看，在生活中实践自己的所学，才能增长自己的见识和阅历，才能超越自我，取得成就。

古今中外，有多少人身体力行，让世人见证了行万里路的重要性：马可·波

罗行万里路，写出了为欧洲人展示全新知识领域、扩宽视野的《马可·波罗游记》；徐霞客行万里路，才有了后来描绘华夏风景资源的旅游巨篇《徐霞客游记》；李时珍行万里路，写出了流传千古的药典《本草纲目》——可见，"行万里路"比"读万卷书"要重要得多。

如今的孩子大多是独生子女，父母往往把孩子的智力教育放在首位，使孩子从小就生活在浓厚的学习氛围之中。除了学校里统一发的课本，哪个孩子的父母不给孩子买这样那样的辅导读物和课外书？无论是天文地理，还是自然科普，只要是孩子叫得出名来的，父母无不尽力满足。父母总以为，孩子书读得越多，懂得就越多，见识也就越多。

殊不知，孩子一味关起门来死读书，书读得越多，孩子头脑中受到的束缚反而越多，因为孩子接受的只是别人的经验，书本知识毕竟有它的局限性。只有让孩子放下书本走出去，全方位地去接触世界，才会发现外面的世界有多精彩，从而增长见识和阅历，弥补其知识面的不足，继而取得成就。

父母不要以为带孩子走出家门，只是让孩子玩玩而已，还浪费了钱财，其实孩子在玩的过程中，比单纯啃书本更容易增长见识。孩子天生对新鲜的事物有好奇心，玩耍的过程中也能够获得新知识，这比课堂学习更能让孩子兴奋与期待。

在旅行的过程中，孩子的动手能力也会得到锻炼，和整天窝在家里徒然想象相比，旅行显然更能让孩子增强行动能力。带孩子旅游比让孩子吃好穿好要有意义得多，孩子通过旅行可以增长见识。兴趣是孩子最好的老师，当孩子在见识中找到了自己的兴趣，那么就会产生自发追求目标的动力，而不是只依赖父母代为决定。而且，亲眼所见的东西，总比只在书上看过或者听人说过来得更直观。和没见过市面的孩子相比，增长了见识和阅历的孩子往往心胸更宽广，具备更强的解决问题的能力。

笔者有位朋友深知实践对孩子成长的重要性，因此从儿子 6 岁开始，每逢节假日，在其他父母忙着给孩子报各种兴趣班和补习班的时候，他带着儿子到处旅游。每次出去旅游之前，朋友都带着儿子去书店买旅游方面的书，每到一个地方，朋友提前把这个地方的情况，详细介绍给儿子听，让儿子对这地方先有个初步的印象和了解，带着兴趣和问题去玩。

经过几年的历练，朋友的儿子不仅身体得到了很好的锻炼，同时也增长了很多地理、历史等各方面的知识。这个孩子不但知识面越来越广，而且各方面的能力也越来越强了。比如每次外出时，朋友不必亲自动手，儿子就会把自己需要带的物品准备妥当，还能帮大人一起收拾物品，自理能力不断增强；当在旅途中遇到问题时，朋友不必开口，儿子就会主动请教导游或者其他陌生人，表现出了优秀的交往技巧；一起旅行的孩子们之间往往会形成新的伙伴关系，在面对问题的时候，孩子们会一起想办法，互帮互助，这就培养了孩子的团队意识与协作能力。朋友意识到，孩子在外出游玩的过程中确实增长了见识和阅历，这也是他热衷于带着孩子旅游的最主要的原因。

大自然的魅力是无穷的，父母应带孩子尽可能多地走进大自然，让他们体验真实的大自然，而不是只认识印在图片中的动物和植物。带孩子到大海边去看看，可以培养孩子宽阔的胸怀；带孩子多去爬爬山，可以培养孩子的勇气和胆识。有"见"才有"识"，"见"多才能"识"广，从小让孩子多体会世界的丰富多彩，让孩子在游玩中学知识、长见识、增阅历、练能力，在游玩中学会自我保护、提高生存的能力，这对孩子将来独立走上社会都非常有益。

人的一生是一个不断读书又不断实践的过程。读万卷书和行万里路都是成长、学习的方法。读书能够使我们增长知识，学习到别人的经验，而生活才是我们最好的教科书。不要让孩子拘泥于书本知识，只有让孩子走出去亲自看一看，通过对生活的认知增长自己的见识，把感性的认识转化为理性的吸收过程，书本知识才会真正转化为孩子内心的精神财富。

人的阅历越多，对事情的认识也就越深刻。"放养"你的孩子，让孩子行万里路，走出自己的活法。

第十章

放养规则：
孩子不能践踏的"雷区"

很多人觉得"放养"不可行，是因为他们片面地认为放养便是放任，听之任之。其实"放养"更类似自然教养，不去刻意苛求和给予，多一些民主和自由。当然，没有绝对的民主，也没有纯粹的自由。有些错误是父母绝不允许孩子犯的。这些原则，父母要贯彻始终。

法则 65　安全规则须牢记

★　★　★　★　★

随着社会经济的发展和进步，人们的生活水平日益提高。电磁炉、微波炉等家用电器进入千家万户，交通工具大量增加，都成为威胁孩子生命安全的高发因素。因此，在这个日新月异、变化万千的社会中，父母从小培养孩子的安全意识，做到防患于未然，还是很有必要的。

孩子们天真幼稚，好奇心和模仿力等都比较强，生活经验和阅历却又极少，因此危险常伴随孩子左右。"没有规矩不成方圆"，孩子也需要一定的规则来约束自己的行为。让孩子从小牢记安全规则，培养孩子的安全意识，也是孩子成长中不可缺少的一课。

生活中潜在的不安全因素太多了，比如恶劣天气、抢劫、交通事故，等等。因此父母在日常生活中，要反复详细地提醒孩子需要注意的问题，不断灌输给孩子一些预防和自救的方法等，让这些安全规则和防范常识在孩子心中扎根，帮助孩子安全地成长。

媒体报道中的一些真实案例比较容易触动孩子，父母可以结合案例，让孩子从中吸取教训。父母要让孩子回答案例中的人因为什么导致了悲剧的发生、如何避免，如果孩子遇到了这种事情的时候他应该怎么办，反复启发孩子，让孩子不断加深安全意识。通过谈论鲜活的实例，孩子会更加用心地接受父母讲授的安全规则。

有的父母怕孩子出现意外，便一味地对孩子采取全方位的保护，即使是孩子有能力做的事情也由父母代劳，剥夺了孩子通过实践提高自我保护能力的机会。孩子毕竟不是生活在真空中，过度保护反而让孩子缺乏对危险基本的防范能力，导致发生许多本不该发生的意外。

父母既不能让孩子因为"无知"而出现意外，更不能让孩子真正面对危险时束手无策，一定要把安全规则和安全意识变成孩子自身素质的一部分。该放手时父母就放手，多教孩子一些技能，能让他们的安全意识更强一些。那么，父母应当让孩子牢记哪些安全规则呢？

1. 加强交通安全教育

孩子认识多种安全标志，交通标志，遵照交通信号及交通标志的指示行事；教育孩子遵守交通规则，不在马路上玩耍和嬉戏；不允许未满 12 岁的孩子骑自行车上路，对符合骑车条件的孩子，应随时检查自行车的性能，教育孩子骑车时不带人、不嬉戏打闹、不追车抓车、不扶肩并行、不双手离把、不逆行骑车，遇恶劣天气要加倍小心；教育孩子步行要走人行道，不要在道路上玩耍、乱窜，不乱穿马路；乘车时不要将身体探出车外，不乘坐报废及无牌无证的车辆。

交通事故尽管"猛于虎"，但也是可以预防的。父母在给孩子做好表率的同时，还要时时提醒教育孩子严格遵守交通规则，不断增强孩子的安全意识，确保孩子的安全。

2. 孩子必须知道有关水电暖的安全常识

有少数孩子缺乏安全意识，对生活中处处存在的危险缺乏应有的警惕性。比如，一个男孩趁父母不注意，用一根细铁钉去捅电源插座，被电击昏，幸好抢救及时，才幸免于难。

关于水、电、火的安全常识，父母应在平时随时教给孩子：教育孩子不要在河边上玩耍，以免不慎失足溺水。使用电器前必须擦干双手，用完电器随后拔掉插头。碰到漏电情况时，避免用手碰触而触电，应以木棍等绝缘物品将插头剥离。不能去触摸正在运转的电器，更不能摸电插座。不用煤气时要把总开关关掉，闻到煤气异味时，应该马上关闭煤气总开关，此时绝不能开关任何电器，并打开门窗通风。教育孩子不要玩火、玩鞭炮等易燃易爆的物品。

3. 防止异物入体

教育孩子不随便把豆粒、糖块、小石子等小东西放入口腔、鼻腔、耳朵内，以免因窒息而发生意外或损坏听力。不要把筷子、冰棍、糖葫芦等尖锐的东西拿在手里或含在嘴里到处奔跑。曾有一名孩子边吃糖葫芦边跑着玩，结果孩子一下摔倒后，尖利的竹签正好穿透了孩子的气管，孩子当即死亡。更不要把塑料袋往头上套，以免引起窒息而死亡。在野外时，要教育孩子不得随便采摘不认识的花果，抓捕不认识的昆虫，更不应放入口内，以免发生中毒。

4. 培养孩子分辨是非的能力

父母要从小培养孩子分辨是非和善恶的能力，把自我保护意识深深注入孩子的心里。如不跟着陌生人走、不轻信陌生人的话、不吃陌生人给的东西，不给陌生人开门等，让孩子提高自我保护的警惕性。

5. 教给孩子意外发生时的应急措施

有些必要的应急措施一定要让孩子懂得，例如，煤气泄漏时要先切断气源，然后开窗通风，切不可马上开关电器、打电话，否则会引起爆炸；要熟记各种应急电话，如匪警 110，火灾 119，急救 120 等。

懂得一些基本医学知识，如止血方法；万一被人强行拐走，要保持冷静与坏人周旋，懂得找机会求救等。曾有报道，一名小学生被拐卖到一偏僻农村，一天，他趁那家人出门时逃走，找到派出所，最后得以回到父母怀抱。

当然，父母也不必过分担心，只要在点滴的日常生活中不断提醒孩子，自由活动必须以保证自己的安全为前提，让孩子增强安全意识，牢记安全规则。相信每一个孩子都会平安、幸运地成长。

法则 66 绝不允许"偷针"的行为

★ ★ ★ ★ ★

民间流传着这样一个故事：

有个小孩去邻居家玩时顺手牵羊偷了邻居的针，他把针送给母亲，他的母亲不仅没有责怪他，还帮他在邻居面前刻意隐瞒。后来那个小孩胆子大了起来，越偷越多，越偷越大，最后发展到偷窃金银珠宝，终于被抓住并判处死刑。

临刑前，公差问那个孩子临死前有什么愿望，那个孩子就对他母亲说："临死前，我就想吃你一口奶。"

那个母亲对孩子非常娇惯，就哭着把奶头露了出来，结果奶头被自己的儿子一口咬掉了。儿子还怨恨地说："我小时偷针你不管教我，才让我走到今天偷金这一步，以至于被判死刑，我这样做是为了让你记住这个教训。"

儿子之所以怨恨，是因为母亲错误的家庭教育让他误入迷途，最终将他送上了断头台。孩子如果小时候养成小偷小摸的坏习惯，父母一定要引起重视，抓紧教育，否则江山易改、本性难移。如果再缺乏管教和合适的教导，将来就可能发展成为犯罪行为。

有位学者说过：要造就一个人，或者毁掉一个人，就看你是如何被教育的。当孩子在人生的岔路口徘徊时，父母就是影响和决定孩子一生十分关键的因素。

在孩子的成长过程中，一旦出现小偷小摸的行为，父母万万不能忽视这种行为对孩子的危害性，更不能理解为小孩子只是闹着玩，犯不着大惊小怪。俗话说："小时偷针，长大偷金；小时偷油，长大偷牛。"如果父母任其发展，会助长孩子的偷窃行为，偷窃数额也会越来越大，最终让孩子走上犯罪的道路。在司法机关所受理的盗窃案件中，绝大多数犯罪嫌疑人都是从小就养成了小偷小摸的习惯，以至于不能自拔，在犯罪的深渊中越陷越深。因此，父母应当坚决杜绝孩子小偷小摸的行为。

心理学者指出，没有孩子天生是小偷，每一个"偷"的行为背后都有一个深层原因，父母应该在充分了解事实真相的基础上采取相应措施。

1. 偷窃，只为报复

13岁的小刚发育比较晚，个头矮小，性格内向，常有个头高大的男同学欺负他。这天，小刚带了一个新买的游戏机去学校，却被一高个男生强行借去玩，归还的时候游戏机已经被弄坏了。小刚不敢抗议，只能打落牙齿往肚里吞。

在一次自由活动的时候，小刚发现欺负他的那个男生的手表正放在桌子上。没来由地，一种报复心理油然而生，他趁大家不注意，拿起手表放进了自己的书包。

当母亲发现小刚书包里的手表，小刚向母亲说出了自己偷手表的原因和过程，并说："我知道偷别人东西是不对的，我只是想报复他一下而已。"

有的孩子已经有了是非观念，明知道偷东西违法，却仍有意为之，主要是由于正确价值观的缺失。有些孩子偷东西是为了刺激，有些孩子偷东西是为了表明自己的胆量，还有的就是报复他人、发泄某种情绪等。这时父母一定要耐心教育，帮他们建立正确的价值观，认识到偷窃是可耻的。为了不增加孩子的心理负担，最好是私下进行教育。

2 偷钱是为了"买"友情

12 岁的莉莉朋友很少，所以她很珍惜自己和朋友之间的友谊。最近，莉莉发现最要好的同学小娜疏远了自己。为了留住小娜，莉莉就常买些好吃的来"讨好"小娜，可是自己的零花钱很快花完了，于是她就偷偷拿父母的钱。

一次偷钱时，莉莉被后妈发现了，进行了严厉的批评，但莉莉只是减少了偷钱的次数，却没有从根本上杜绝问题。

莉莉小时候被亲生母亲抛弃，留下了难以磨灭的阴影，她十分害怕再次被同学抛弃。为了维护这段友情，她不惜去偷父母的钱"买"友情。这种行为是可以理解的。父母如果平时能多陪陪孩子，了解她的内心需求，使她的情感得到满足，不再有担心被抛弃的焦虑，她才会停止用错误的方式来获得自己想要的友情。

3. 纠正孩子的"拿来主义"

5 岁的小宝是个调皮可爱的小男孩。前段时间，幼儿园老师告诉小宝的妈妈，孩子总喜欢拿别人的玩具，有时候还悄悄藏起来。小宝的妈妈当时没当回事，认为孩子还小，不懂事。可是，有一天放学回家后，小宝突然从书包里掏出一个奥特曼玩具在家里玩起来。妈妈一看就知道这是别人的东西，妈妈很生气，让他第二天将玩具还给小朋友。

可是没过几天，小宝又私自拿了妈妈皮包里的钱去买饮料喝。小宝的妈妈这才大吃一惊，小宝小小年纪竟然学会了偷东西！她准备好好教育小宝一番。

五六岁的孩子不仅好奇心强，还有强烈的占有欲，看到别人的好东西就想占为己有。有一些孩子认为家里的东西都是自己的，对于"偷拿"家里的东西，感觉是理所当然的。

不管孩子是出于什么心理和原因，父母都应该第一时间制止这种行为，同时应该很严肃地教育孩子，而不是简单地暴打一顿。为了不增加孩子的心理压力，不要随便用"偷"这个字眼去给孩子的行为下定义。

此外，孩子偷东西背后有很多原因，比如，有的父母平时爱占小便宜，顺手牵羊拿别人的东西，孩子看得多了，也会受影响。

人常有无穷无尽的物质欲望，父母应当从小控制孩子的物质欲望。如果父母对孩子的物质要求百依百顺，一旦他的要求得不到满足，就很容易走向极端，造成不良后果。

在生活中，父母要有意识地教孩子学做简单的家务，培养他的劳动观念，并及时进行表扬，给予他精神鼓励或物质奖赏，培养孩子通过劳动获得物质满足的习惯。父母一旦发现孩子有"偷针"的行为，就要坚决杜绝，以免孩子习惯成瘾，酿成大错。

法则 67　当孩子的撒谎成为种惯性

★ ★ ★ ★ ★

从孩子懂事起，我们就教育孩子要诚实，不要撒谎，然而，孩子撒谎却仍然是令父母无比头痛的问题。听到孩子坦然说出漏洞百出的谎言时，父母会很生气，尤其是事实真相就摆在眼前的时候。比如，孩子坚持说他没有假冒家长签字，而试卷上稚嫩的家长签名就赫然在目，这样的谎言怎么能不让父母生气呢？

几乎人人都会撒谎，即使是成年人，有时为了不让别人发现他偶然犯下的错误也会撒谎。孩子因为常常犯错，为了不被父母发现而受到责罚，就会心存侥幸，企图用谎言蒙混过关。

孩子如果偶尔撒谎，父母应当持宽容的态度，不要纠缠不休，以免强化孩子对撒谎的记忆；但是当孩子把撒谎成为一种习惯的时候，父母就应当认真分析孩子撒谎的原因了。只有找出孩子撒谎的真正原因，知道了孩子为什么撒谎，才能对症下药，从根本上采取相应的措施加以矫正。那么，孩子到底为什么要撒谎呢？

1. 孩子撒谎是为了让父母高兴

笔者邻居郑姐的儿子非常调皮，经常不做作业，自然郑姐就会经常被老师叫到学校里去。通过与老师交流，郑姐吓了一大跳，原来在好多事情上儿子和老师的说法完全不一样。但郑姐弄不明白的是，关于老师所说的事情，之前她明明都与儿子交流过。儿子有几次根本没做家庭作业，他不是说在课堂上就完成交给老师了，就是说今天学校搞歌咏比赛老师没布置作业，如此等等，都是听起来很正当的理由。郑姐这才发现，原来儿子一直都在撒谎。可儿子为什么要欺骗妈妈呢？儿子居然回答说："我撒谎，是为了让妈妈高兴！"

原来，郑姐一看到儿子没完成作业就会怒气冲冲，一听说儿子写完了作业就显得很高兴。时间一长，儿子为了让妈妈高兴，恰巧又不想写作业，就用谎言来换取妈妈的开心。

可见，孩子撒谎有时是父母逼出来的。作为父母，在孩子犯一点儿小错时，有责任控制自己的情绪，不要急着说教，甚至歇斯底里，而是要就事论事，通过罗行万里路，写出了为欧洲人展示全新知识领域、扩宽视野的《马可·波罗游记》；徐霞客行万里路，才有了后来描绘华夏风景资源的旅游巨篇《徐霞客游记》；李时珍行万里路，写出了流传千古的药典《本草纲目》——可见，"行万里路"比"读万卷书"要重要得多。

如今的孩子大多是独生子女，父母往往把孩子的智力教育放在首位，使孩子从小就生活在浓厚的学习氛围之中。除了学校里统一发的课本，哪个孩子的父母不给孩子买这样那样的辅导读物和课外书？无论是天文地理，还是自然科普，只要是孩子叫得出名来的，父母无不尽力满足。父母总以为，孩子书读得越多，懂得就越多，见识也就越多。

殊不知，孩子一味关起门来死读书，书读得越多，孩子头脑中受到的束缚反而越多，因为孩子接受的只是别人的经验，书本知识毕竟有它的局限性。只有让孩子放下书本走出去，全方位地去接触世界，才会发现外面的世界有多精彩，从而增长见识和阅历，弥补其知识面的不足，继而取得成就。

父母不要以为带孩子走出家门，只是让孩子玩玩而已，还浪费了钱财，其实孩子在玩的过程中，比单纯啃书本更容易增长见识。孩子天生对新鲜的事物有好奇心，玩耍的过程中也能够获得新知识，这比课堂学习更能让孩子兴奋与期待。

在旅行的过程中，孩子的动手能力也会得到锻炼，和整天窝在家里徒然想象相比，旅行显然更能让孩子增强行动能力。带孩子旅游比让孩子吃好穿好要有意义得多，孩子通过旅行可以增长见识。兴趣是孩子最好的老师，当孩子在见识中找到了自己的兴趣，那么就会产生自发追求目标的动力，而不是只依赖父母代为决定。而且，亲眼所见的东西，总比只在书上看过或者听人说过来得更直观。和没见过市面的孩子相比，增长了见识和阅历的孩子往往心胸更宽广，具备更强的解决问题的能力。

笔者有位朋友深知实践对孩子成长的重要性，因此从儿子 6 岁开始，每逢节假日，在其他父母忙着给孩子报各种兴趣班和补习班的时候，他带着儿子到处旅游。每次出去旅游之前，朋友都带着儿子去书店买旅游方面的书，每到一个地方，朋友提前把这个地方的情况，详细介绍给儿子听，让儿子对这地方先有个初步的印象和了解，带着兴趣和问题去玩。

经过几年的历练，朋友的儿子不仅身体得到了很好的锻炼，同时也增长了很多地理、历史等各方面的知识。这个孩子不但知识面越来越广，而且各方面的能力也越来越强了。比如每次外出时，朋友不必亲自动手，儿子就会把自己需要带的物品准备妥当，还能帮大人一起收拾物品，自理能力不断增强；当在旅途中遇到问题时，朋友不必开口，儿子就会主动请教导游或者其他陌生人，表现出了优秀的交往技巧；一起旅行的孩子们之间往往会形成新的伙伴关系，在面对问题的时候，孩子们会一起想办法，互帮互助，这就培养了孩子的团队意识与协作能力。朋友意识到，孩子在外出游玩的过程中确实增长了见识和阅历，这也是他热衷于带着孩子旅游的最主要的原因。

大自然的魅力是无穷的，父母应带孩子尽可能多地走进大自然，让他们体验真实的大自然，而不是只认识印在图片中的动物和植物。带孩子到大海边去看看，可以培养孩子宽阔的胸怀；带孩子多去爬爬山，可以培养孩子的勇气和胆识。有"见"才有"识"，"见"多才能"识"广，从小让孩子多体会世界的丰富多彩，让孩子在游玩中学知识、长见识、增阅历、练能力，在游玩中学会自我保护、提高生存的能力，这对孩子将来独立走上社会都非常有益。

人的一生是一个不断读书又不断实践的过程。读万卷书和行万里路都是成长、学习的方法。读书能够使我们增长知识，学习到别人的经验，而生活才是我们最好的教科书。不要让孩子拘泥于书本知识，只有让孩子走出去亲自看一看，通过对生活的认知增长自己的见识，把感性的认识转化为理性的吸收过程，书本知识才会真正转化为孩子内心的精神财富。

人的阅历越多，对事情的认识也就越深刻。"放养"你的孩子，让孩子行万里路，走出自己的活法。

第十章

放养规则：
孩子不能践踏的"雷区"

很多人觉得"放养"不可行，是因为他们片面地认为放养便是放任，听之任之。其实"放养"更类似自然教养，不去刻意苛求和给予，多一些民主和自由。当然，没有绝对的民主，也没有纯粹的自由。有些错误是父母绝不允许孩子犯的。这些原则，父母要贯彻始终。

父母的行为让孩子知道没有必要对父母撒谎。

2. 孩子撒谎是为了逃脱惩罚

小宇独自在家里玩耍的时候不小心把花瓶打碎了，妈妈回家看到，就问他："花瓶是怎么碎的？"

小宇说："是它自己碎的，我在卧室里玩，听到哗啦一声，我出来一看，花瓶已经碎了。"

妈妈生气地说："花瓶好好的，没人碰它怎么会自己碎呢？一定是你打碎的。"

小宇叫起来："不是我打碎的，我根本没碰它，是奶奶不小心打碎的。"

而事实上，奶奶出门之前花瓶还好好的。妈妈自然很生气："明明是你打碎了花瓶，还敢撒谎骗我，小小年纪竟敢撒谎，这还了得！"

现实生活中，父母不应该扮演检察官的角色，不要询问孩子你已经知道答案的问题，更不应该称自己的孩子是个说谎的孩子。如果小宇的妈妈这样说，或许会对她的儿子更有帮助："花瓶碎了，有一点可惜，幸好你没有受伤。"

小宇可能因此这样想：我虽然闯了祸，但是妈妈更关心我，看来没必要说谎，以后一定要小心，不让妈妈担心。父母如果想让孩子敢于说真话，就不能让他面对不可承受的后果，因为对于说了真话就会受到严厉责备的孩子而言，谎言变成了他自卫的手段。

3. 孩子撒谎是为了夸大事实，在同伴中树立威信

丫丫是个很内向的小姑娘，也很胆小，上一年级了还不敢骑两轮的儿童自行车。每次妈妈陪着她在生活区里练习骑自行车，只要一遇到同班同学在那里娴熟地骑着自行车，她就感到很自卑，怕同学们取笑她笨，说什么也不学了。

这天，妈妈在路上遇到丫丫的同学。同学说："听丫丫说，她学会骑自行车了，刚学会的时候还摔倒了好几次，幸好没摔着，现在已经骑得很棒了。"

妈妈非常惊讶，因为丫丫并没有学会骑自行车，但她跟同学们描述得活灵活现，好像跟真的一样。妈妈咨询了一下，得知丫丫并不是真正意义上的撒谎，只是她有些不自信，但是又渴望得到别人的肯定，目前她没有勇气战胜自己的胆小，只能通过想象满足自己的心理需求。

父母不要随便就给孩子套上撒谎的帽子，对一些害处不大的谎话，可以不去戳穿它，给孩子留一些自己的空间。同时，要放大孩子的优点，及时给孩子一些有针对性的表扬，帮孩子逐步建立自信心。

4. 孩子撒谎是模仿父母

小赵喜欢开玩笑，有时候她带女儿买菜回家，老公问："怎么买这么多东西？发财了？"

小赵会一本正经地说："不骗你，真发财了，路上捡了一百块钱。"而实际上小赵并没有检到钱。这样的玩笑开多了，女儿也不自觉模仿了起来。

有一回，女儿在楼下遇到妈妈的同事，女儿告诉她，妈妈感冒发烧了，刚从医院打针回家。小赵的同事赶紧买了礼物去家里看望小赵，却见到小赵好好地在家里做家务，根本没有感冒，更没有打针。

小赵很生气，责骂女儿撒谎，可女儿哭着说："妈妈，你不也经常这样吗？"

孩子是父母教育的一面镜子，父母教育的好坏常在孩子身上一览无余。要让孩子不撒谎，父母首先要做到言行一致。因为孩子的模仿能力很强，很容易受到父母的影响，所以父母一定要给孩子做好榜样。

当父母发现孩子撒谎时，要鼓励孩子说实话。当孩子真的说出实话，要就事论事，首先要表扬他的诚实，然后再妥善处理他的错误。如果孩子撒谎，只是无心犯下的过失，父母要原谅他，但可以和孩子讨论一下以后怎样避免这样的过失；如果是带有明显目的性地撒谎，比如说为了买游戏机而告诉父母要交学费，就要向孩子阐明说谎的危害；同时，父母也要自我反省，比如自己对孩子要求是不是过于严格？是不是忽略了孩子的正当要求？如此等等。

要充分信任你的孩子。有时候，事情并不像父母眼睛看到的那样，也不像父母想象的那样，孩子总有他的理由，先认真地听孩子说说吧！

法则 68　让孩子别为自己的过失找理由

★ ★ ★ ★ ★

人非圣贤，孰能无过？成年人尚且有犯错的时候，何况还是未成年的孩子。孩子犯错不可怕，可怕的是不能让孩子正确面对自己的过失。绝大多数孩子从小就生活在父母为他们构筑的一方天地中，一路顺风顺水，缺少挫折和磨炼。一旦发生过失行为，承担后果的往往是父母，闯祸的孩子反而成了若无其事的旁观者。久而久之，孩子便会养成对个人、对他人、对家庭以及对社会不负责任的态度。

有些父母不能正确对待孩子的过失，为了推卸责任，千方百计地对孩子的过失行为进行辩解，甚至强词夺理。这种"护犊子"的行为非常不利于孩子成长。父母应该教会孩子对自己的过失行为负责，同时也应该鼓励孩子勇于承担责任，而不是推诿责任。

想让孩子懂得为自己行为负责，父母就应该这样做：只要是孩子能自己承担的过失，就让他自己承担，而不是由父母为其挡风遮雨，包办一切。只有这样，才能真正锻炼孩子敢于负责的能力。有一个很生动的小故事可以说明这个问题。

日本学者高桥先生有一年在秘鲁一所大学任教，他的邻居是一对美国夫妇。

这天，这对美国夫妇的儿子踢足球时不慎打碎了高桥先生家的一块玻璃。令高桥先生意外的是，那对美国夫妇在儿子闯祸之后一直没有出现，倒是那个孩子自己在第二天早上，在别人的帮助下，给高桥先生送来了一块玻璃。孩子还彬彬有礼地向高桥先生道歉："叔叔，对不起。昨天我不小心打碎了您家的玻璃，因为没买到玻璃，所以没能及时赔偿。今天我买了这块玻璃赔偿您，希望您能原谅我的过失，我保证这种事情再也不会发生了。"

高桥夫妇原谅了孩子，还留孩子在家吃了早饭，临走又送他一袋糖果。

出乎高桥先生意料的是，孩子回家之后，那对美国夫妇却上门了，将那袋还没有开封的糖果还给了高桥夫妇，并且解释说：这次是孩子闯了祸，所以不应该得到任何奖励。

在这对美国夫妇看来，孩子应当为自己的过失负责。他打碎了邻居家的玻璃，就应当负责赔偿，甚至为此花掉了自己所有的零花钱，还向父母借了一笔钱——这笔钱需要他通过做家务和外出打工赚钱来偿还。父母这样做，就是为了让孩子为自己的过错付出代价，孩子的人生教训往往是在付出代价之后获得的，而通过自己的劳动所得来承担赔偿，使他懂得了什么是责任。

反观我国的大部分父母，都是习惯于在孩子做了错事后，自己出面代孩子"受过"。父母这样做，其实是在袒护孩子的过失行为，既不能让孩子从过失中得到应有的教训，也没有让孩子树立起对自己行为负责的责任感。久而久之，孩子做事就会任性、随意而为，无法培养为自己行为负责任的意识。孩子觉得凡事只要有父母"罩着"，什么问题都可迎刃而解，从而逐步变得更加为所欲为，屡屡犯错，屡教不改。

中国有句老话："一人做事一人当。"孩子有了过错，做了损害他人利益的事，为了取得别人的原谅，理当让他自己向人家道歉并赔偿损失。更重要的是，使孩子从小就懂得为自己的行为负责，从而自律言行，这将有利于以后顺利地进入社会生活。

在日常生活中，相信父母对这些场面都比较熟悉，有些事情甚至就发生在自己的身上：比如，孩子走路时到处乱看，不慎摔倒，父母不是趁机教育孩子走路不要到处乱看，而是赶紧扶起孩子，一边安慰一边用脚使劲踩地，说"都是地面不平，磕着我们小宝贝了"；孩子乱跑乱撞，脑袋撞到墙上了，父母不是教育孩子玩耍时要注意安全，而是使劲踢墙，说"都是墙壁不好，碰痛我们家的小宝贝了"——如此种种。其实父母的这种做法是在给孩子找替罪羊，时间长了，就会使孩子以后一旦受到挫折，就从对方身上找理由，而不是从自身找原因。

父母应抓住日常生活中出现的小事件来教育孩子。比如，从高处落下来一块砖头，恰好把一只小花猫砸伤了，这个时候父母就可以教育孩子：从这样高的地方往下面扔东西实在是太危险了，小花猫受伤了，多可怜啊。然后再进一步引导孩子：如果有小朋友刚好站在这里，是不是会砸到小朋友呢？等孩子点头之后，再问他：要是砸到你身上，会不会很痛呢？最后让孩子记住：不能随便扔东西的。据报道，曾经有一个男孩向楼下扔砖头，结果将一个三个月大的婴儿当场砸死，酿成了不可挽回的惨剧。如果父母及早对孩子进行了这方面的教育，这样的惨剧也许就不会发生了。

父母要让孩子知道，如果是因为自己的过失伤害到了别人，就应该为自己的过失负责，还要亲自登门向对方道歉。然而，有的父母总认为孩子小、不懂事，孩子闯了祸，理应由父母出面摆平，所以父母往往对孩子训斥一通后，让孩子该干啥干啥去。于是，孩子什么责任都不用负，父母则又是道歉又是赔偿，天大的责任都替孩子承担了下来。

殊不知，父母这样做的后果实际上是在告诉孩子，以后可以随便闯祸而不用承担任何实际性的责任。如果孩子做了损害别人利益的事情，正确的做法是：不太严重的事情让孩子自己去向别人赔礼道歉；比较严重的事情，孩子自己处理不了的，父母必须带着孩子，让他亲历处理问题的全过程；孩子要与父母一起向被伤害者赔礼道歉，并亲手把赔偿的钱物交给受伤害者。当孩子有了切身的体会，才会懂得什么是为自己的行为负责。

让孩子对自己的行为负责，别为自己的过失找理由。当孩子做错了事，就应该督促他去赔礼道歉，而不是推诿责任。

法则 69　别把孩子当"糖"和"玻璃"

★ ★ ★ ★ ★

"含在嘴里怕化了，捧在手里怕摔了。"这句话毫不夸张地反映出了当今父母对孩子的疼爱程度，他们把孩子当成了易化的"糖"或者易碎的"玻璃"。如今的孩子大都是在父母的百般呵护中长大的，习惯于把父母当成自己的救兵，缺乏必要的锻炼，一遇到挫折就不知如何是好。

然而，孩子不可能在父母的保护伞下生活一辈子。在提供优越物质条件的同时，父母应及时对孩子进行适当的挫折磨炼，以除去孩子身上的依赖性，培养孩子坚强的品格，否则孩子将来就可能在社会上寸步难行。

父母对待孩子，不应该把他们当成"糖"和"玻璃"而小心翼翼，完全可以放心大胆地让他们经受磨炼、学会坚强。自古英才多磨难，从来纨绔少伟男，学习和生活中的磨难和挫折是孩子成长中必不可少的经历，最能锻炼孩子的品质与意志。

曾经有两个人到戈壁滩上去植树。其中一个人对小树照料得很细心，很周到，定时定量给小树浇水、施肥；而另一个人对待小树却大大咧咧，不定时浇水、施肥，也许隔三天，也许隔五天。他浇水更不定量，每次浇水有时多、有时少，有时浇在树下，有时浇得离树很远，就连施肥也是时多时少。就这样，两个人栽的小树居然也都长得郁郁葱葱，难分伯仲。

有一天，一场突如其来的大风袭击了整个戈壁滩。大风过后，再看两人栽的小树，可就有了明显的差别：受到良好照顾的小树全部被大风连根拔起倒在地上，而没有受到良好照顾的另一片小树则依然挺拔地竖立在戈壁滩上，只不过刮断了几根小树枝而已。

正因为第一个人对小树照顾得太好，让这些小树轻易就能得到水分和肥料，而不用费力把根扎到深处去。而另一个人对小树照顾得"不够"，使得小树不得不把根扎深、扎稳，去寻找足够的水分和肥料。

今天的孩子从小在父母的百般呵护下长大，风吹不到，雨淋不到，就像那些完全依赖于主人浇水施肥的小树一样，一旦遇到大风就会被毁掉。所以孩子要学会坚强，就需要在困境和磨炼中不断锤炼自己，就像小树一样，将根扎在土壤深处，任凭风吹雨打也能顽强地生存。绝不要把根浅浅地扎在土壤的表层，稍微有点风吹草动就迎风倒下。

要想让孩子学会坚强，也不是那么容易的，只有在经历种种困难、挫折和失败的过程后，孩子才可能学会坚强。很多父母总认为孩子还小，凡事不会或做不来，习惯替孩子包揽一切事务。这使得孩子习惯了衣来伸手、饭来张口的生活方式，往往会产生依赖性，以致自理能力极差。

因此，要培养孩子成为强者，父母应该依照孩子成长发育的规律，从孩子小时候起，就把坚强教育贯穿于生活的点点滴滴。让孩子自己做力所能及的事情，让孩子觉得自己能行，充满自信。

当孩子摔倒的时候，父母不要急于扶孩子起来。当孩子自己努力从地上爬起来时，你再给予鼓励，因为每一个孩子都会跌倒，只有让孩子学会跌倒后爬起来，他才会站得更稳；当孩子受了一点委屈就哭起来，父母不要急于安慰他，等他平静下来，你再去安慰并帮助他；当孩子为穿不好衣服烦躁时，父母不要急于帮助他，哪怕只是举手之劳。等孩子努力穿好后，再去夸奖他。如果父母只是单纯地说教，孩子无法从中学会坚强。父母应经常鼓励孩子，告诉他坚持就是胜利。通过父母在生活细节中有意识的引导和磨炼，孩子会在潜移默化中逐渐变得坚强起来！

杰出的科学家居里夫人特别注意对孩子坚强品格的培养，她曾经在第一次世界大战期间把大女儿带到战争前线救护伤员，又在 1918 年把两个女儿留在战火不断的巴黎。居里夫人把孩子当成强者来看待，她的孩子们也都在艰苦的环境中锻炼成为坚强的人。

现实生活中，父母也可以以身作则，灌注孩子的强者意识。

8 岁的盈盈星期天在家里协助妈妈清理卫生，一不小心手指被钉子刮了一下，鲜血直流。妈妈给她简单包扎以后，盈盈还是抽抽噎噎地哭，好似受了多大的委屈。

妈妈掀起自己的上衣，让女儿看她的肚皮，一道疤痕赫然在目。盈盈知道这道疤痕是妈妈生她的时候医生给留下来的，她用手抚摸了一下那道疤痕，问妈妈："那时候这儿很疼吗？"

"一点也不疼，现在想起来心里只有一种自豪感。"

"那为什么你不觉得疼呢？"盈盈又问妈妈。

妈妈笑着回答："在坚强的人面前，疼痛没有什么了不起，因为妈妈很坚强，所以妈妈不觉得疼。"

盈盈懂事地点点头，说："我也会像妈妈一样坚强。"后来盈盈因为阑尾炎动手术，她非常配合，医生和护士都把她评为最坚强最勇敢的孩子。

当孩子一次次战胜困难和挫折时，他们便会平添许多勇气，激起战胜一切困难的愿望。随着害怕的心理逐渐消失，自信心逐渐增强，这时孩子就会变得坚强无比：我一定能行！

不要让孩子奢望有一帆风顺的生活，也不要让孩子奢望没有挫折的人生。每个孩子最终都要离开父母的庇护，走向复杂的社会，也不可避免地会遇到来自各方面的挫折和挑战。为人父母者必须培养孩子具备正确的心态；坚强地面对各种挫折和挑战。当孩子面对挫折时选择了坚强，面对失败时吸取了经验，就会获得对自己有利的一面，从而使自己在将来的道路上走得更好。

不经历风雨，怎么能见彩虹，没有人能随随便便成功。放养你的孩子，不要让孩子当"糖"和"玻璃"。他们没有你以为的那么脆弱，你只需拿开你保护孩子的臂膀，让孩子去做自己能做的事，让孩子的坚强为自己的人生插上一双有力的翅膀，他们定会像雄鹰一样在空中自由翱翔。

法则 70　欲望何其多，怎能全满足

★ ★ ★ ★ ★

作为父母，在欣喜地看到孩子一天天长大的同时，或许也能明显感觉到孩子身上的某些变化——"妈妈给我钱，我要给同学买生日礼物"，"爸爸，这次考试我得了第三名，你答应给我买新款手机的"，"妈妈，给我买双耐克鞋吧"……

　　面对孩子永无止境的物质欲望，父母开始感到焦头烂额：孩子什么时候变得这么贪婪了？且慢，父母先不要忙着抱怨，或许正是父母的不当教育才导致了孩子今天的行为——为了让贪玩的孩子安心把作业写完，你有没有许诺孩子"做完作业给你买巧克力"？为了让挑食的女儿吃下她最不爱吃的蔬菜，你有没有许诺孩子"吃完菜就带你去买新裙子"？

　　教育学家认为，物质奖励是 6 岁以下的孩子不可缺少的动力。一个小小的礼物，就能使孩子非常高兴。而从六七岁开始，孩子通过自我成长，开始有了精神需求。精神奖励是相对于物质奖励更高层次的奖励，包括被人尊重、理解、关爱等方方面面的精神需求能够促进人的大脑不断思考和提高。所以，随着孩子年龄的增长，精神奖励的比例要慢慢超过物质奖励，对于给孩子以精神上的鼓励，父母千万不要吝啬。

　　有些父母教育孩子的方式总是过于简单，要么一味满足孩子的物质需求，要么单纯地只给予精神鼓励。如果孩子习惯于只接受物质奖励，那么孩子对精神和情感的投入也会减少，最终让孩子变得贪心，甚至逐渐发展成唯利是图的贪婪鬼。

　　父母应根据孩子的生理和心理发展特点进行鼓励，尤其重视精神上的鼓励。低层次的精神激励是语言，高层次的精神激励则是行为，一个欣赏的眼神，就有可能让孩子铭记一辈子。

　　如果一定要给孩子物质奖励，切记奖励不可过大、过频。若频频给予奖励，其刺激作用就会下降，要想发挥原来的刺激作用就必须不断加码；奖品的价值要与孩子的年龄及取得的成绩相匹配。如果常常给孩子价值过高的奖励，那样反而使孩子玩物丧志，到头来还害了孩子。

　　父母给孩子买多少东西都无法满足他的物质欲望，改变他的"贪婪"习惯才是最有效的办法。孩子的世界真的很简单，只要有了父母的正确引导，孩子很快就会改掉"贪婪"的习惯。改变孩子的贪念，我认为父母需要从这六个方面入手：

1. 让孩子学会珍惜

对于必须要给孩子买的东西，亮亮的爸爸会告诉孩子，这个东西是用父母辛苦工作赚来的钱给你买的，向孩子表明父母赚钱如何辛苦、如何不容易。

父母不但要把一些苦处告诉孩子，还要告诉他"将来要靠自己赚钱才能买这些东西"，这样孩子就会懂得珍惜。

2. 让孩子自己当家做主

12 岁的张钰要过生日了，她想请同学去饭店过生日，那样要花很多钱，但是能满足她的虚荣心。但是妈妈告诉她，如果邀请同学们来家里过生日，和父母在一起，生日才有意义。

妈妈建议张钰自己当家做主，在家里款待她的小客人。妈妈给了张钰一个开支限度，让她自己做预算，从选择菜单到购买，全由她做主。张钰因为眼看着手里的钱一点一点没有了，感到特别心痛，所有就有意识地变得节俭了许多。最后，在妈妈的协助下，张钰用很少的钱，举行了一个很热闹的生日聚会。

3. 把要买的东西写下来

宇彤总是跟妈妈说："妈妈，我要买这个；妈妈，我要买那个……"不过，宇彤的妈妈有她自己的办法，她让宇彤先把她想买的东西写下来，等到了周末再去买。

到了周末，妈妈就和宇彤拿着"清单"去购物，可是妈妈只准她从清单里挑一样东西来买，妈妈还教宇彤如何看商品标价，教宇彤如何省钱，告诉她省下来的钱还可以买别的东西。妈妈还教育宇彤通过储蓄可以买较贵的东西。

宇彤看看这个，看看那个，忽然觉得哪个也没必要买了，还是省下钱买别的吧。过了几个月，宇彤就不再乱要东西了，她希望能通过积蓄来购买大件商品。

让孩子把要买的东西写下来，不要马上带他去买，这个办法能够抑制孩子因一时冲动产生的贪欲。

4. 父母要做孩子的榜样

孩子的物质欲望往往来源于父母的消费习惯——既然父母想买什么就买什么，那我也能。所以父母切忌头脑发热，贪图便宜，抢购一堆没用的东西，以免潜移默化地影响孩子。

父母可以送孩子一个储蓄罐，让他积攒零用钱来买自己需要的东西，培养孩子存钱的观念。这样，大多数孩子就会特别爱惜用自己的钱买来的东西。

5. 让孩子做选择

强强看中了一个昂贵的遥控机器人，爸爸说："这个机器人太贵了，如果你一定要买，那么半年之内，你就不准再要别的玩具了。"强强想了想，最后没有要这个机器人。

父母不可能满足孩子所有的要求，但是可以变通。给孩子买东西时，如果孩子确实喜欢某一件非常昂贵的东西，你可以提出条件，让他自己做选择。

6. 坚定地向孩子说"不"

父母不想给孩子买东西时，要明确告诉孩子你的态度：不买，因为类似的玩具你已经有了；父母赚钱很辛苦，生活中还有很多地方要花钱，比如衣食住行、赡养老人等，所以不能随便买这买那。无论孩子如何哭闹，父母一定坚持到底，绝不动摇。这样可以向孩子传达一个信息：不是什么东西都能得到，即使哭哭啼啼，自己的目的也实现不了。

欲望何其多，怎能全满足？不要让孩子在无止境的物质欲望中学会贪婪！

法则 71　坐享其成是一种耻辱

★ ★ ★ ★ ★

有一个穷汉靠种地为生，有一天他突发奇想："天天在地里劳作，真是太辛苦了，何不向神灵祈祷，请他赐给我足够的财富让我享受终生，再也不用受这劳作之苦。"

于是穷汉把弟弟喊来，吩咐他到田里继续耕种，免得让自己的家人饿肚子。把事情都交代完毕后，他独自一人来到天神庙，在天神面前摆满了供品，然后开始不分昼夜地向天神膜拜和祈祷："神呵！请您赐给我财富，让我财源滚滚吧！"

天神听见了祈祷，心里暗想："这个懒惰的家伙，自己不劳动，却要想不劳而获。假使他前生曾乐善好施，积累了功德，给他些财富也未尝不可。可查看他前世的行为，既没有布施的功德，也没有半点因缘。因此不管他怎样苦苦哀求也是没有用处的，不如用个法子，让他趁早死了这条心。"

天神于是摇身一变，变作他弟弟的模样，也跪在天神面前跟他一起祈祷。穷汉看见后，不禁问他："我不是让你去播种吗？你不好好在地里播种，来这里干什么？"

弟弟说："我也想跟哥哥一样，来向天神祈祷财富。如果天神满足了我们的愿望，即使我们不去耕种，天神也会让庄稼在田里自然生长的。"

穷汉听了弟弟的话，气得骂道："你这个混账！你不去播种，怎么可能得到果实呢？不去田里播种，却妄想等着收获，真是异想天开！"

这时天神现出了原形，对穷汉说："正如你自己所说，不播种就得不到果实。你现在不思劳作，却妄想凭空得到财富，那是痴心妄想，是根本不可能的。只有耕种才能有收获，只有肯劳作，才能得到财富。"

这个故事告诉我们：不要幻想坐享其成，天上不会掉馅饼。但由于当下社会充斥着一些不良风气和一些低俗影视作品，对孩子造成了负面引导和潜移默化的不良影响，如通过坑蒙拐骗、买彩票、赌博等手段来实现一夜暴富。影视作品中那些终日游手好闲却一掷千金的大款，使还处于半成熟半幼稚阶段的孩子，也梦想自己不用费劲就能过上舒适豪华的生活。

另外，有的父母过于溺爱孩子，不但对孩子力所能及的家务劳动大包大揽，对孩子所需要的东西也无不尽力满足。久而久之，孩子就会形成这样一种心理：我不洗衣服，父母自然会给我洗；我不用赚钱，父母自然会给我准备……

父母的一片好心，反而让孩子滋生了不劳而获的思想，变得贪图享受、自私自利，极易被坏人教唆利用走上犯罪道路。近年来的青少年犯罪问题以盗窃犯罪最为突出，其原因就是因为这些青少年大多因为贪图享乐但又无经济来源，于是妄想通过盗窃他人财物，以满足其不劳而获的欲望。

作为父母，首先要让孩子懂得，不劳而获是一种耻辱。

前外交部长李肇星从儿子小时候就教育他，无功不受禄，不能随随便便就接受别人的礼物和金钱，因为那是不劳而获。

有一次，孩子去爸爸的一个朋友家玩，回家时，那个朋友要给孩子回家坐车的路费，孩子坚决不要。由于爸爸的那个朋友也很固执，孩子就想了一个办法，先把钱收下，在他家多玩了一会儿，然后趁爸爸的朋友不注意，他把钱悄悄塞到人家的枕头底下。

父母应当从小灌输给孩子这样一种观念——不劳而获是可耻的行为。父母决不能助长孩子不劳而获的思想，还应该帮助孩子分析身边哪些大款发财的手段是正当的，哪些是不正当的。告诉孩子，某些影视文学作品中的情节只是反映了大款生活的一个侧面，应当看到成功者背后付出的努力。

只有劳动才能创造财富。父母还应该从小培养孩子劳动的意识，培养孩子热爱劳动的品质。孩子容易崇拜名人偶像，父母不妨推荐一些名人故事书籍给他们看，让他们从偶像的身上认识到"通过艰苦的劳动才能获得成功"的道理。

香港实业家霍英东小时候干过很多工种，既当过船上的铆钉工，又当过实验室的制糖工，还做过搬运工。他不是以建筑行业和房地产业起家的商人，却成为香港房地产业的巨子，靠的就是吃苦耐劳的精神。

据心理学的研究发现：人的心灵深处都有一种根深蒂固的需要，那就是都希望自己是一个发现者和创造者，而劳动正可以满足这种需要。父母要培养孩子养成热爱劳动的习惯，让孩子从劳动中获得乐趣，从而自觉抵制不劳而获的思想。

父母可以经常交给孩子一些力所能及的任务，比如洗衣服、刷碗、拖地、倒垃圾等，不要以为孩子还小，什么也不会干，只要家长放手，孩子的潜力和能力都会让父母大吃一惊。如果孩子不积极主动，父母可以巧妙安排，使他有兴趣主动去做。父母可以把购买食品、蔬菜的任务交给孩子，只要父母敢放手，孩子也许会给父母做出一桌像模像样的饭菜呢！对于孩子做的菜，哪怕缺少色、香、味，哪怕并不好吃，父母也要给予真心的鼓励，且要津津有味地吃起来。

这样的家务做多了，孩子就能从中体会到劳动的快乐，以后会更有兴趣从事各种劳动。再如，父母可以教会孩子自己整理房间、折叠衣物，随时注意赞扬他，并指点他如何才能做得更出色。在劳动的过程中，孩子会逐步认识劳动的意义，尝到劳动的甜头，养成良好的劳动习惯，从而自觉地抵制不劳而获和好逸恶劳的思想。

父母对自己的一举一动也要严格要求，切不可整日在孩子面前说这样的话："买了两张彩票，真希望能中大奖，这样我就不用工作了！"或者说："怎么也不让我捡到一笔巨款！"须知父母是孩子的一面镜子，父母以自身的行动来教育孩子抵制不劳而获和好逸恶劳的思想，也是家庭教育的重要方法。

放养你的孩子，放手让他做力所能及的一切，他才能懂得"一分耕耘，一分收获"的道理。他才会明白追求美好的生活并没有错，但不要妄想坐享其成，天上是不会掉馅饼的。

法则 72　让孩子学会尊重父母

★　★　★　★　★

尊重父母历来是中华民族的传统美德，然而由于许多父母对孩子过度溺爱、教育不当，使很多孩子习惯于以自我为中心，心中只有自己没有他人，更丢掉了尊重父母的美德。在现实生活中，孩子不尊重父母的现象可谓比比皆是：专挑好菜吃，却让父母吃自己的剩饭剩菜；在同学面前肆无忌惮地把自己的父母称呼为"老头""老东西"；父母一说话就顶嘴，动不动就跟父母吹胡子瞪眼……

父母应该深刻认识到：如果孩子连尊敬父母这个最基本的礼仪都做不到，就更谈不上尊重他人、关心他人了，将来在社会中就无法立足。因此，一定要让孩子学会对父母的尊重。

孩子不尊重父母，原因何在呢？其实，孩子对父母的态度，往往是父母在潜移默化中教给孩子的。

蒙蒙的妈妈每当做点好吃的饭菜，总是第一个先盛到蒙蒙的碗里，而且总是给她盛上满满一大碗，等蒙蒙吃饱了，妈妈才把她碗里的剩饭倒进自己的碗里吃掉。

有一次，妈妈看到蒙蒙把饼干掉到了地上，蒙蒙捡起来刚要吃，妈妈赶紧阻止她："别吃了，地上脏。"可是妈妈怕浪费，自己把饼干吃了。

有一天，妈妈带蒙蒙去参加朋友的聚会，蒙蒙不小心掉了一块红烧肉在地上，她捡起来就放到了妈妈的盘子里，还对大家说："在我们家，我妈妈就是专门吃剩饭和脏饭的。"

蒙蒙的话让妈妈好一阵难堪。

有的父母自己生病了，却仍然拖着病痛的身体，替本该能自理的孩子洗手洗脚、做饭穿衣，让孩子觉得父母就是自己的仆人，生来就是为自己服务的；有的父母当着孩子的面抱怨老人只知道花钱，平时冷落、怠慢老人，偶尔探望老人一次，却是为了搜刮老人的财物。这让孩子觉得父母是用来欺负的，不需要尊重。

父母如此种种的行为，让自己在孩子心目中的地位大打折扣，孩子怎么还会去尊重父母呢？当然，一切不能操之过急，让孩子学会尊重父母不是一朝一夕的事情。父母要根据孩子的年龄及个性特点进行具体的引导，从日常生活中的小事做起，天天要求、日日训练，既培养了孩子尊重父母的好习惯，也增强了孩子对父母、对家庭的责任感和义务感。

1. 要建立合理而正常的家庭关系

父母和孩子之间首先是民主、平等的关系，要使家庭成员和睦相处，家庭内部的人际关系必须摆正。孩子应该明白自己与父母是这样一种关系：父母是自己的长辈，是家庭生活的主导者。我们主张尊重孩子，多听孩子的意见，但并不是颠倒主次，任孩子在家里作威作福，想怎样就怎样，更不是他闹得越凶父母就越让步。

父母作为孩子生活的供养者和引路人，自然应当负起教育子女的任务，在家庭中保持较权威的地位。现在比较普遍的现象是家长过度溺爱孩子，对孩子明显的错误也不加纠正，这就为孩子形成"以我为中心"的小霸王性格提供了土壤。自然，孩子也就不会把父母放在眼里了。所以，要纠正孩子不尊重父母的坏毛病，摆正家庭关系是前提条件。

2. 一点一滴培养孩子尊重父母的习惯

父母应当从日常生活细节抓起，让孩子树立这样一种观念：父母养育了我，我应该为他们多做些事。要教育孩子把父母的教导落在实处，把父母健康放在心上，不给父母添乱，并把这些要求变成孩子在日常生活中的一种习惯行为。当父母身体不适时，孩子应主动照护，给父母端饭送水、拿衣取药，替父母采购日常用品。对于孩子自己能做的事情，父母应该给他发挥的机会，不要事事包办代替，比如可以让孩子整理自己的玩具，帮父母收拾碗筷，自己的手绢和袜子自己洗等。孩子只有经常锻炼，才能形成良好的习惯。

3. 要让孩子了解父母的艰辛

现在不少孩子只关心自己能不能吃好、穿好、玩好，只知道向父母要钱买这买那，却从不关心父母的工作情况，不知道父母的钱是怎样来的，自然也就不会设身处地考虑父母的难处。

因此，父母要有意识地提起自己工作上的苦恼和困难，让孩子知道父母赚钱很辛苦，每天都在为生活而操劳。这样，孩子才能体会到父母的养育之恩，从而珍惜自己现有的生活，也会从心底里产生对父母的感激和敬重。

4. 父母是孩子最好的榜样

父母的行为就是孩子的一面镜子，孩子的心非常单纯，父母怎么做，孩子就会模仿着怎么做。有一个故事：

有一对夫妇对父母很不孝顺，他们把老人撵到一间破旧的房子里，每顿饭用小木碗送一些残汤剩饭给老人。一天，他们看到自己的儿子拿一块木头在刻着玩，就随口问孩子刻的是什么，孩子说："我要刻一个木碗，等你们年纪大了，好给你们用啊。"这对夫妇猛然醒悟，赶紧把老人请回来和自己一起居住、一起吃饭，儿子因此也转变了对他们的态度。

所以，父母要以身作则，为孩子树立最好的榜样。在工作之余，父母要多与老人相处，休假日时要尽量抽时间带上孩子去看望老人，帮老人买买菜、做做饭、聊聊家常，让老人享受天伦之乐。这样，孩子在耳濡目染、潜移默化中，也会逐步养成尊敬父母的好习惯。

如果孩子出现不尊重父母的行为，父母决不要姑息孩子，要把一切坏习惯消灭在萌芽状态，一定要让孩子因不尊重父母而受到惩罚，或制止他观看动画片，或把已经放在购物车内的零食退回货架。当孩子受到实实在在的惩罚以后，再做什么事就会懂得三思而后行，不再出现不尊重父母的行为。

尊重生养自己的父母，是为人之道的根本。让孩子学会尊重父母，从现在做起，从一言一行、一点一滴做起。